子どもの言葉で問いを創る授業

鹿嶋真弓
石黒康夫 編著
吉本恭子

中学校編

G学事出版

はじめに

　ある中学校3年生の英語の授業のことです。

　単元名「A Vulture and a Child」[*1] の授業を行っています。

　本時の目標は、「自分の知りたいことを、英語の長文を読むことで知る。」でした。そして、黒板には、1枚の写真が貼られています。この授業の「不思議のタネ」です。

　その写真は、有名な「ハゲワシと少女」[*2] の写真でした。

　生徒は、この写真を見て、思いついたこと、知りたいと思ったことを問いにして付箋紙に書きます。

　次に班内で、互いに創った問いを発表して、整理分類します。生徒が書いた付箋紙には、「この後どうなるの？」、「場所はどこ？」、「なぜ、少女はこんなに痩せてるの？」、「なぜ、この場面を撮ろうと思ったの？」などの問いが書かれていました。

　班にはそれぞれ、教科書を大きく拡大した「A Vulture and a Child」の英文が渡されます。そして、班で協力しながら英文を読むことで、自分たちの問いの答えを探していきます。

　この授業では、授業をしていたA先生が目を疑うことが起きます。いつも英語の授業では、いくらA先生が働きかけても、机に突っ伏したまま何もしようとしないB君が、必死に辞書を引いて他の班員と協力しながら、英文に書かれていることを読み取ろうとしていたのです。

　B君を突き動かしたものはなんでしょう。

　それは、「知りたい！」という強い知的好奇心ではないでしょうか。

　「問いを創る授業」は、生徒の「知りたい」という知的好奇心を刺激します。「知りたい」という強い欲求が、生徒を主体的な学びに向かわせます。

　B君の行動はまさにそれを示しているのではないでしょうか。

＊1）中学校英語教科書『New Crown 3』三省堂より

＊2）南アフリカ共和国の報道写真家ケビン・カーター（Kevin Carter、1960年9月13日-1994年7月27日）が撮影したもので、ピューリッツァー賞を受賞。

この授業で生徒たちは、「写真家が、なぜ、この写真を撮ろうと思ったのか」という、教科書を読むだけでは答えが出ない問いについても、話し合っていました。生徒たちの関心は、表面的な知識だけでなく写真家の心の動きやこの写真の背景にも及んでいました。

　近年では、情報技術や移動手段が進歩し、世界のグローバル化が進んでいます。一方で、いままでに私たちが経験したことのない大規模な自然災害や疾病の流行が起きています。こうした予測することが難しい時代に生きていく子どもたちに必要な力は、自ら問いをもち、自分で課題を設定し、多様な他者と協働しながら解決していく態度や力ではないでしょうか。
　「問いを創る授業」を繰り返し体験することで、子どもたちにこのような力を育んでいくことができます。

　次にご紹介するのは、本書にも実践例が紹介されている、広島県東広島市立高屋中学校の生徒さんが「問いを創る授業」を体験したあとの感想です。高屋中学校では、学校をあげて全教科で「問いを創る授業」に取り組んでいただきました。

・小さなことにも疑問をもてるようになり、物事を見る目が変わる。
・自分の中にはなかった観点から見た疑問が出てくるのがおもしろい。
・自分が本当に知りたい問いについて学ぶことができる。
・ただ知識を詰め込むだけの学習とは違い、将来に役立つと思う。
・自分の考える力を養うことができ、身近にある問いを見つけることができる。
・自分で見つけた問いだと課題解決のためにもっと深く考えるようになり、いろんなことに疑問をもってみるという力が付く 。
・日頃から「なぜ？」「何？」と色々なことに興味が持てるようになり、将来学びをしていく中で役立つと思う。
・大人になって社会に出たとき問いを創ることはとても大切であり、会議やプレゼンテーションなど様々なことに役立てることができると思う。

・社会に出たときに自分が困らないし、人との話し合いの場で話がスムーズにできるようになる。短文の中でたくさん疑問を抱くことができるから「気付く力」が働く。みんなで話し合う場面が一番おもしろい。
・人と会話し物事をより深く知るために、問いが必要になってくる。だから「問いを創る授業」はこれからに役立つと思う。「なぜだろう」、「どうしてだろうか」などの考える力が身に付く。

（「平成30年・令和元年度　東広島市教育推進指定校　東広島市立高屋中学校教育研究会　研究紀要」より一部抜粋）

　いかがでしょうか。一部をご紹介しましたが、これらは「問いを創る授業」を体験した中学生の生の声です。

　「問いを創る授業」は、課題設定解決学習であり、そのプロセスは主体的・対話的で深い学びになっています。「問いを創る授業」の体験を通して、生徒は問いをもつ態度、問いを創るスキル、付箋や思考ツールを操作しながら自分が創った問いを整理・分類し、本当に自分が知りたいことは何かを知る方法を学びます。そして何よりも生徒は「問いをもつこと」の楽しさに気づくのです。

　「問いを創る授業」は、どの学校種、教科・領域でも実施することができます。中学校3年間を通して、学校全体で教科横断的にこの「問いを創る授業」に取り組むことにより、生徒はどのような成長をするでしょうか。

　生徒はさまざまな教科でこの授業を体験することになるため、問いを創ることや、問いを整理・分類し収束させることに短期間で上達していきます。教科は異なっても、「問いを創る授業」のプロセスを繰り返し体験するからです。

　そして、教師も「問いを創る授業」をするのに、新たに説明する必要がなくなるため、授業展開が円滑になっていきます。これは、すでに「問いを創る授業」を導入している学校の先生方の実感です。

　また、中学校だけでなく校区の小学校と連携して「問いを創る授業」を行えば、子どもたちは9年間にわたり、学びのトレーニングをすることになります。9年後の子どもの成長を考えただけでも楽しみです。

　「問いを創る授業」は物事を探究しようとする態度を育てるだけでなく、

5

互いに認め合い助け合う心を育てる効果もあります。問いを創るときは1人1人の取り組みですが、その後の活動は班で行います。班の中で、自分の創った問いを発表し合ったり、考えを出し合ったりして、問いを整理・分類する活動では、協力することや互いに認め合い尊重し合うことを学ぶ絶好の機会です。

　また、そうした活動を通して、学習規律を創り上げることもできます。まさに学校という集団で行うのにふさわしい学習方法であると考えています。これまで多くの先生のご協力のもと素晴らしい実践例が集まってきました。多くの先生がさまざまな工夫をしてくださっています。本書ではその一部をご紹介したいと思います。

　本書は、『たった一つを変えるだけ　クラスも教師も自立する「質問づくり」』（ダン・ロスステイン、ルース・サンタナ著、吉田新一郎訳、新評論、2015年）からインスパイアを受け、日本の学校で実施しやすいようにアレンジしてできたものです。『たった一つを変えるだけ』の根幹の部分である「先生が子どもに質問するのではなく、子どもが質問をつくる」という発想を大切にしました。

2021年11月　石黒康夫

子どもの言葉で問いを創る授業　中学校編
目　次

はじめに　　3

第1章 「問いを創る授業」で自ら考える生徒が育つ！　11

1 なぜ、いま「問いを創る授業」なのか　12
① AI（人工知能）VS人間
② 学習の転移と学習の構え

2 「問いを創る授業」が育む力　16
① その『問い』は誰の問い？
② 「問いを創る授業」ではじまる対話

コラム①　「不思議のタネ」は自ら問いを立て主体的に学ぶための源泉　24

第2章 「問いを創る授業」の進め方を確認しよう！　25

0 準備　不思議のタネの創り方　26
❶ 不思議のタネとは
❷ 不思議のタネの3つの活用目的
❸ 不思議のタネの創り方
❹ 効果的な不思議のタネにはギャップがある

1 「問いを創る授業」の心構え　37
❶ 「教師主導の授業」から「生徒主体の授業」へ
❷ 「問いを創る授業」での先生の役割

2 「問いを創る授業」で付箋を使う意義　39
❶ 「問いを創る授業」の基本構成にみる付箋を使う意義

3 3つの収束方法　41

4 思考ツールの活用　44

5 問い創りノートの活用　47

6 不思議のタネは蓄積データでブラッシュアップ　50

コラム②　ある生徒の言葉「問いからまた新たな問いが生まれる」が意味すること　52

国語科（3年）『問いを創る授業』実践例1 ……54
国語科（1年）『問いを創る授業』実践例2 ……59
国語科（1年）『問いを創る授業』実践例3 ……60
国語科（3年）『問いを創る授業』実践例4 ……61
社会科（3年）『問いを創る授業』実践例1 ……62
社会科（1年）『問いを創る授業』実践例2 ……67
社会科（1年）『問いを創る授業』実践例3 ……68
社会科（3年）『問いを創る授業』実践例4 ……69
数学科（1年）『問いを創る授業』実践例1 ……70
数学科（1年）『問いを創る授業』実践例2 ……75
数学科（2年）『問いを創る授業』実践例3 ……76
数学科（3年）『問いを創る授業』実践例4 ……77
理　科（3年）『問いを創る授業』実践例1 ……78
理　科（1年）『問いを創る授業』実践例2 ……83
理　科（2年）『問いを創る授業』実践例3 ……84
理　科（1年）『問いを創る授業』実践例4 ……85
音楽科（1年）『問いを創る授業』実践例1 ……86
音楽科（2年）『問いを創る授業』実践例2 ……92
音楽科（3年）『問いを創る授業』実践例3 ……93
美術科（3年）『問いを創る授業』実践例1 ……94
美術科（2年）『問いを創る授業』実践例2 ……100
美術科（1年）『問いを創る授業』実践例3 ……101
保健体育科（3年）『問いを創る授業』実践例1 ……102
保健体育科（2年）『問いを創る授業』実践例2 ……108
保健体育科（1年）『問いを創る授業』実践例3 ……109
技術・家庭科（1年）『問いを創る授業』実践例1 ……110
技術・家庭科（2年）『問いを創る授業』実践例2 ……116
技術・家庭科（3年）『問いを創る授業』実践例3 ……117
技術・家庭科（2年）『問いを創る授業』実践例4 ……118
技術・家庭科（1年）『問いを創る授業』実践例5 ……119
外国語科（英語3年）『問いを創る授業』実践例1 ……120
外国語科（英語3年）『問いを創る授業』実践例2 ……125
外国語科（英語1年）『問いを創る授業』実践例3 ……126
外国語科（英語2年）『問いを創る授業』実践例4 ……127

道徳科（3年）『問いを創る授業』実践例1 ⋯⋯⋯⋯⋯⋯⋯⋯⋯⋯128

道徳科（2年）『問いを創る授業』実践例2 ⋯⋯⋯⋯⋯⋯⋯⋯⋯⋯132

道徳科（1年）『問いを創る授業』実践例3 ⋯⋯⋯⋯⋯⋯⋯⋯⋯⋯133

休校期間や長期休業中の課題　134

コラム③　中学校こそ「教科の見方・考え方」を軸にした不思議のタネを　　142

第4章 問いを創った後の授業 143

1 「問いを創る授業」は、課題解決のはじまり ⋯⋯⋯⋯⋯⋯144
❶ 問いを創った後は何をするの?
❷ 問いを創った後には何があるのか
❸ 「問いを創る授業」は深い学びにつながる「課題設定解決学習」
❹ 学びのサイクルに気づかせる

2 「問い」には種類がある ⋯⋯⋯⋯⋯⋯⋯⋯⋯⋯⋯⋯⋯⋯150
❶ 課題設定に向けた問いと、課題解決に向けた見通しをもった問い
❷ 見通しをもった問いを創るには

3 「問いを創る授業」は3段階 ⋯⋯⋯⋯⋯⋯⋯⋯⋯⋯⋯⋯153
❶ 問いを創り、問いを解決し、活用し転用する
❷ 「転用力」こそ、これからの時代に必要な力

4 「問いを創る授業」は成長する授業方法 ⋯⋯⋯⋯⋯⋯157

コラム④　「問いを創る授業」をすべての授業で行うことで、学校のスタンダードに　　160

エピソード1　先生たちのやる気がUP する「問いを創る授業」⋯161
ひらめき体験教室の姿を日々の授業で／研究主任と二人三脚で歩みはじ
める／たった一つを変えることの難しさ／不思議のタネを考えるワーク
ショップ／全校で同じ不思議のタネを使って基本形を知る／生徒参加型
事後研で生徒の授業への自我関与も／「問いを創る授業」で教材発掘力が
身につく

エピソード2　激動する世の中だからこそ、「問いを創る授業」を ⋯167
「問いを創る授業」に取り組みはじめた経緯／他教科の先生とのグループ
協議による授業改善／生徒が生き生きとしている授業／激動する世の中
だからこそ、「問いを創る授業」を

付録の紹介 173

付録1　「問いを創る授業」の単元指導計画 174
付録2　先生のための「不思議のタネ」アイデアシート 175
付録3　問い創りノート 176
付録4　問い創りノートインデックス 178
付録5　通常用の問い創りノート 180
付録6　通常用の問い創りノートインデックス 182
付録7　探究ワークシートと記入例 184
付録8　道徳の時間スタンダード 186
付録9　道徳ノート 187
付録10　宣言書 188

おわりに　　189

第**1**章

「問いを創る授業」で
自ら考える生徒
が育つ！

1 なぜ、いま 「問いを創る授業」なのか

① AI（人工知能）VS人間

　これまで宿題や自習用課題というと、知識・技能を習得するための反復練習をするドリルか、多種多様な問題（練習問題から応用問題まで）を解くワークが主流でした。もちろん、反復練習によって身につけたい知識や技能も大切です。ただ、このような学習を続けていると、「これが勉強！」と勘違いしてしまう生徒も出てきます。

　例えば、1行ずつ同じ漢字や同じ英単語で埋め尽くされた家庭学習ノート（学校から与えられた課題ではなく、自分で学びたいことを自由に決めて書くノート）の中には、どんどん雑になり、ただ行数を増やすため、ページ数を増やすための単純作業となっているものも少なくありません。

　日本の教育は何を目指してきたのでしょう。もしかしたら、知らず知らずのうちにAIのような人間を育てようとしてきたのかもしれません。定期考査では、記憶したこと、処理速度、その正確性などがテストされてきました。この3つの項目について、AIと人間を比較したものが表1です。一目瞭然、いずれも、軍配はAIに上がります。AIの研究者は、人間の苦手とする分野を補うために日夜開発を進めてきたのですから、比べるまでもありません。人間の苦手分野はAIを活用し、これからはAIのような人間を育てるのではなく、人間だからできること、人間にしかできないこと、に焦点を当てた教育がより重要になってくるのではないでしょうか。

　表1では、ことごとく勝てなかった人間ですが、表2の6つの項目では、すべて人間に軍配が上がります。人間だからこそできること、それは、未曾有の出来事や予測困難な未来に対して、納得解を得ることです。未曾有とは、過去に一度も起きなかったような、珍しい事態のことです。過去のデータがない出来事に対して、AIはなす術がないというわけです。

表1　AI（人工知能）と人間の差〔その1〕

AI（人工知能）	技能・能力	人間
無限	記憶	限界あり
速い	処理能力	遅い
ミスなし	正確性	ミスあり

表2　AI（人工知能）と人間の差〔その2〕

AI（人工知能）	技能・能力	人間
情報と確率	意思決定の根拠	過去の経験や体験、感情
共通点を見つけるのは得意だが考察は不可	データの読み取り	データをもとに考察する
過去のデータの組み合わせによる	創作活動	唯一無二の創造力
不可	感情や文脈の理解	可能
不可	課題発見	可能
過去のデータによる	課題解決	新たな対応策も可能

②　学習の転移と学習の構え

　人間だからこそ成し得る課題解決に関する研究として、ワラスの4段階があります。ワラス（Wallas、1926）は、偉大な業績を残した科学者などの思考過程を丹念に調べあげて共通点を見出し創造的な問題解決の過程を4段階に分類しました[1]。

表3　ワラスの4段階

1．準備期	まず解決しようという意欲をもち、必要な情報を集めたり技術を備えたりして、**問題解決に熱中する。**
2．あたため期	いったん問題から離れ、一見問題とは無関係なことをしながら、考えが熟して**自然に出てくるのを待つ。**
3．ひらめき期	突然、創造的な問題解決法が**ひらめく。**
4．検証期	ひらめいた考えを吟味し、それが正しいことを**検証する。**

柏崎秀子編著『発達・学習の心理学』（北樹出版、2019年、134頁）を参考に作成。

学校教育の中でワラスの4段階をいかに促進していくか、そのキーとなるのが、表3の太文字で示した部分（問題解決に熱中する・自然に出てくるのを待つ・ひらめく・検証する）です。生徒が問題解決に熱中するためにどのような動機づけを行うか、自然に出てくるのをただ待つのではなく能動的に待つにはどうするか、そしてどのようにして**ひらめき脳**を活性化させるか、使えるものは何でも使って創り出したものが、『ひらめき体験教室』です[*2)]。

　この活動を通して、仲間と一緒にナゾを解くという知的交流と、解けたときの喜びを共に分かち合う感情交流を同時に体験することができます。さらに、とことん考え、脳に汗をかくような体験「ああかな？」「こうかな？」と問い直し、問い返し、問い続けた先に訪れるひらめきの瞬間を、誰もが体験することができます。そして何よりも、自ら問いを抱き「あきらめずに考え続けること」「最後まで考え抜くこと」を、楽しいと感じる脳の癖がつきます。

　活動中に生徒の中で何が起きているのか、学習心理学の視点で考えてみましょう。ナゾを解く際、「学んだことを生かす力」が必要です。既知の領域の知識を未知の領域にあてはめて考えること（類推）ができれば、すでに学んで知っていることを生かすのに役立ちます。つまり、類推の活用によってすでに学んだことを新しい状況で生かせる**学習の転移**が起きたことになります。

　「学校で学んだことは社会に出たらひとつも役に立たなかった。」という声をよく耳にしますが、教育に携わる者としてこんなに悲しいことはありません。あと何をすれば「学校で学んだことを日常生活にも生かせる」ようになるのでしょう。この点について学習心理学では、**学習の構え**（類似したいろいろな課題があるとき、個別の課題を学習するのではなく、学習の仕方自体を学習すること）の形成が効果的であると言っています[*3)]。

　以上、類推、学習の転移、学習の構えを楽しみながら体験できる活動が、

＊1）三宮真智子「第11章 学力と知能のあらたな観点」、柏崎秀子編著『発達・学習の心理学』北樹出版、2019年。
＊2）鹿嶋真弓『ひらめき体験教室へようこそ』図書文化社、2016年。
＊3）宮脇郁「第8章 学習の理論2─経験により頭のなかが変わる」、柏崎秀子編著『発達・学習の心理学』北樹出版、2019年。

ひらめき体験教室です。「問いを創る授業」の準備体操として、年度はじめにぜひ、お試しください。

「ひらめき体験教室」活動の流れ

①ナゾを探す
　→みんなで会場内（教室や体育館など）に隠されたナゾが書いてある用紙を探す。

②ヒミツのアイコトバがわかったらリーダー（先生）に伝えに行き最終問題をもらう
　→みんなで協力してナゾが解け、クロスワードパズルから見えてくるヒミツのアイコトバがわかったらリーダー（先生）に全員でヒミツのアイコトバを伝えに行き、最終問題を受け取る。

③**最後のナゾが解けたらひらめきルームへ行き答えを示す**
　→最終問題が解けたら、全員でひらめきルームへ行き、解答する（ゴール）。

　教育は未来を創る仕事です。その未来の担い手は子どもたちです。この予測困難な時代において、新しい社会の在り方を、自ら創造することのできる資質・能力を育むためにも、これまでの教師主導の教えて暗記させるだけの授業ではなく、生徒主体の問う力・探究する力を育成できる授業へとパラダイムシフトすることが必要です。そのひとつの方法が「問いを創る授業」なのです。

2 「問いを創る授業」が育む力

① その『問い』は誰の問い？

「問いを創る授業」を行うとき、戸惑うのは先生たちです。特に不思議のタネを創るときに戸惑います。あるとき、「問いを創る授業」の研修会で不思議のタネの例を出しました。

「太平洋と同じ濃度の食塩水をつくる」です。

すると研修に参加されていたある先生が、「『太平洋と同じ濃度の食塩水をつくるにはどうするか？』ではダメなのですか？」と質問されました。

そう、これではダメなのです。「太平洋と同じ濃度の食塩水をつくるにはどうするか？」と先生が生徒に聞いてしまったら、それは先生が生徒に与えた問いなのです。生徒の中から湧いてきた「問い」ではないのです。「太平洋と同じ濃度の食塩水をつくる」という言葉を見て、「どうやってつくるのだろう？」、「えっ！ 場所によって濃度は違うの？」という問いが生徒から出て来れば、それは生徒が思いついた生徒自身の問いです。

「問いを創る授業」では、何か（不思議のタネ）をきっかけにして、生徒が問いを思いつくことが大切なのです。生徒が自分ごととして捉えて問いを思いついたかが大切です。つまり、**自我関与**[4]しているかどうかです。

①自分の『問い』だから主体的になれる

問い創りを授業に組み込むことで、通常の授業が、生徒が自我関与する授業に変わります。これは、どの教科、領域の授業でも実施することができます。「なぜだろう？」「不思議だ」「知りたい」と思い、生徒が創った問いは、

---

[4] 自我関与とは、「行動に際して、『自分の責任』『自分の仕事』『自分の身内』『自分の家』といった意識・態度を伴うこと」（広辞苑）とあります。

生徒が自我関与した成果物です。そして、生徒が創った問いを授業に用いることで、生徒はより主体的に意欲的に授業に取り組んでいくことができるようになります。

　「問いを創る授業」では、生徒が創った問いを付箋紙に書いてもらいます。この付箋紙を用いて授業を進めるのですが、授業が終わった後も、生徒はこの付箋紙をとても大切にします。なぜならば自我関与の成果物そのものだからです。

　ある小学校の先生が、授業が終わった後に、まとめとして自分の付箋紙をノートに貼っておくように指導しました。すると、子どもたちは先生に指示されたわけではないのに、自分の問いが書かれた付箋紙の横に、授業を通して自分が理解したことや、まだよくわからないことを書いたりするようになりました。先生が、「そうしなさい」といったわけではないのに、です。子どもたちが自発的にそうしたのです。それはなぜか？　自分が自我関与した学びだったからです。自分が創った問いだからこそ、主体的に学ぼうという気持ちになります。

②関わりの法則　自我関与のひみつ

　「自我関与」、これは TILA 教育研究所（http://tila.main.jp/）で、とても大切にしていることです。学校の中のことだけでなく、おそらく世の中のことすべてに関係する原理だと考えています。人が何かに「自我関与」することによる心の働きについては、米国の心理学者レオン・フェスティンガーの「認知的不協和理論」[5]によって説明することができます。

　しかし、教育の現場で簡単に扱えるようにした考え方があります。それは著者（石黒）が20年ほど前に言い出した「関わりの法則」です。世の中に「関わりの法則」というものがあるわけではなく、著者（石黒）が自我関与の仕組みを考えやすくするために勝手に言っていることです。この考え方を思いついた経緯などは、『子どもの言葉で問いを創る授業　小学校編』（学事出版）をご参照ください。ここでは考え方をご説明します。

＊5）レオン・フェスティンガー著、末永敏郎訳『認知的不協和の理論』誠信書房、1965年。

【関わりの法則　第１法則】

人が深く関わったこと（もの）≒その人自身と感じる（≒ほぼイコール）

　人は、あること（もの）に長い時間をかけて関わったり、多くの労力をかけて関わったりしたことをとても大切に感じます。学校の先生ならみなさん体験されていると思いますが、合唱コンクールではよく男子が協力せず、女子が苦労する場面があります。なかなか練習がうまくいかず諍いも起きます。しかしそうした困難を乗り越えて参加した合唱コンクールでは、たとえ優勝できなくても、生徒たちにとっては最高の合唱コンクールになります。協力して、困難を乗り越えてやり遂げたことは、とても大切なことになります。

　行事以外でも、苦心して作った料理、何かの作品、自分の意見、苦情、家族、子ども、ペット、趣味、服装など、例はたくさんあります。これらのことを他者からけなされると、悲しかったり腹立たしかったりします。

　反対に、ほめられるととてもうれしい気分になります。それは、これらのことに、長時間、あるいは多くの労力をかけて自我関与しているからなのです。「多くの時間や労力をかけたものは、価値のあるものである。」というように、かけた時間や労力と、そのものに対する認知が一致していない人は気持ち悪いのです。だから行動と認知を一致させるために、自分がしたことは大切なものであると捉える心の動きがあります。これを簡単に使えるようにしたのが、関わりの法則です。「問いを創る授業」とは少し離れますが、学校で子どもたちを認めたりほめたりするときは、その子の行動だけでなく、その子が関わったことを認めたりほめたりしてもよいのです。

【関わりの法則　第２法則】

何かを大切にさせたかったら、そのものにたくさん関わらせる

　つまり、自我関与させるということです。自我関与すればするほど、そのものは、その人にとってとても大切なものになっていくのです。野菜が嫌いな子どもがいます。でも、その子どもに自分で野菜を育てさせ、見事に実がなると「これ、おいしいよ」と言って食べます。なぜ、おいしいのか、自分が労力をかけて育てたからなのです。行事や何かの企画を成功させようとしたら、できるだけ生徒のアイデアを取り入れることです。自分のアイデアが

取り入れられた行事はとても大切なものになります。

　「問いを創る授業」では、この関わりの法則、第 2 法則が働きます。自分で思いついた問いは、ほぼイコール自分自身なのです。自分が思いついた問いが授業に使われるから、より主体的に参加するのです。

③問いは自分自身

　前述しましたが、生徒が創った問いは、生徒が自我関与した成果物なので、問いはその生徒自身と同じなのです。自分が創った問いを使って展開される授業は、とても大切で楽しく感じるものです。「問いを創る授業」では、問いを創るだけでなく、生徒が創った問いを、グループで話し合い、その中から選択したり、さらに生徒が創った問いをもとに包括して収束させたりします。

　このプロセスも自分たちの考えで進めていきます。通常は問いを選択するのか、包括させるのかは教師が決めますが、何を選ぶのか、どのような問いに収束させるのかは生徒の考え次第です。生徒が主体となって授業が進められます。また、「問いを創る授業」にかなり習熟してくれば、問いを選択するのか、あるいは包括して収束させるのかも生徒に選ばせることができるでしょう。

　ある小学校で理科の「振り子」の授業がありました。不思議のタネは、教師が行う振り子の演示です。演示の後、教師が使った振り子の実験道具と同様のものを各班に配り、自分たちで「振り子」を体験しながら問いを創っていく授業構成になっていました。子どもたちは夢中になって活動していました。最初は配られていなかったストップウォッチを先生に借りに行ったり、振り子の紐の長さを変えてみたり、おもりにしている小さなペットボトルの中の水の量を変えたりと、先生が演示では行わなかったことも次々と試していました。

　著者（石黒）の目を惹いたのは、ある女の子の行動です。何かを思いついたのでしょう。突然、乱暴に自分のノートを広げて殴り書きをするような勢いで、表を描いて数値を記入していました。もう無我夢中の様子です。あとで先生に伺うと、この女の子は日頃あまりノートを取らない子なのだそうです。この授業で子どもたちは、問いを創るだけでなく、問いを創りながら同

時に仮説も考え、それを検証しようというところまでやっていました。教師は、問いを考えてみようと言っただけです。子どもたちは、授業の中で自分の考えが生かせるとこんなにも主体的になるのです。

② 「問いを創る授業」ではじまる対話

中央教育審議会答申（平成28年12月）では、「子供同士の協働、教職員や地域の人との対話、先哲の考え方を手掛かりに考えること等を通じ、自己の考えを広げ深める『対話的な学び』が実現できているか。」という視点を示しています。自分の考えを広げ深めるために、「対話的な学び」が必要であるということです。

では、「対話」とはどのようなものなのでしょう。「会話」とは違うのでしょうか。一般的な国語辞典を見ると、「会話」は「意思の疎通を図ったり用を足したりするための話のやりとり」、「対話」は「向かい合って話すこと」とされています。しかし、これだけなのでしょうか。米国の物理学者デヴィット・ボーム（David Bohom）[6]によれば、対話は英語で「dialogue」ですが、この語源はギリシア語の「dialogos」からきており「logos」とは「言葉」もしくは「言葉の意味」、「dia」は「〜を通して」という意味であり、「dialogue」は「言葉の意味を通して」という意味であるとしています。

では、「言葉の意味を通して」どうするのかと言えば、対話を行うことで、互いがもっている異なった意見や価値観を共有するのだと言っています。ボームは、「人は誰もが異なった想定や意見を持っている」としています。当然のことですが、人はそれぞれ異なった意見、価値観をもっています。言葉の意味ひとつにしても、異なった理解をしていることがあります。同じ単語を指していてもよく話をしてみると、理解の仕方がずれていることがあります。ボームは、こうしたズレ（異なった想定や意見）を修正するために対話が必要であるとしています。対話を通して互いのズレを修正し、共通の理

---

*6）ディビット・ボーム著、金井真弓訳『ダイアローグ　対立から共生へ、議論から対話へ』英治出版、2007年。

解に立った上で、さらに新しい理解や新しい何かを創り出すことが求められているのでしょう。対話することで物事に対する互いの理解の共通点や違いがわかってきます。そのことを理解し自分の考えと比較検討することで、さらに自分の考えにないものを取り入れたり、自分の考えを修正したりすることができます。対話を通して、自分と他者の意見や考え方を比較したり、自分だけでは気づくことが難しい気づきを得たりしながら、考えを広げたり深めたりできるようにするのです。

①自己内対話

　「問いを創る授業」は「不思議のタネ」を子どもに示すところからはじまります。「不思議のタネ」は、不思議である必要はないのですが、子どもたちがもっている認識と、示された「不思議のタネ」にギャップがあるほうが、より子どもたちの興味関心を引くことができます。自分たちが知っていること理解していることと、目の前にあるもののギャップが大きいほど「なんでだ？」「なんかおかしい?!」などとつぶやきを起こします。つまり、自分自身との対話なのです。そしてそのギャップを埋めようと、自問自答が繰り返されます。その中で創られていく「問い」は、自我関与されたものとなります。

　「不思議のタネ」自体は、課題ではありません。ただそこに示されている事実です。「不思議のタネ」を見て、最初は自分の知識や経験と照らし合わせて理解しようとします。しかし、それがうまくできないと、「なぜだろう」、「どうすればわかるのか」と問いが生まれてきます。さらにどういう問いを解明すれば、この目の前のことがスッキリするのかと、問いを工夫しはじめます。このプロセスが対象との対話です。「不思議のタネ」が、言葉で示されていれば、何度もそれを読み、意味を理解しようとし考えます。写真や図などで示されていれば、細部もよく観察し、自分の中に湧き起こる疑問を解決しようと問いを考えます。私たちは、こうした繰り返しが、「自分に問う力」を育てると考えています。この「問う力」が育ってくると、目の前のものと自分の認識にギャップがあまりなくても、「待てよ。いままでは、単純にこう考えていたけど、見方を変えると……」などのように、どんなものも簡単に見過ごさず、疑問をもって考えてみる習慣や態度が育ってくると考えています。

②他者との対話

　「問いを創る授業」では、最初に「不思議のタネ」を見て個人で問いを創ることからはじめます。ここではまず自分自身との対話が行われています。そして、次の段階に進むと、グループになって問いを整理したり分類したりします。そして、グループで問いを選んだり、自分たちが創った問いを解決できる大きな問いにしたりします。ここでは、自分の問いをグループのメンバーに紹介するとともに、メンバーの問いを知り、協力して整理・分類をします。ここで、他者との対話が起こります。他者と対話して互いの考えや意見を交わすことで、互いに自分の考えと共通する点、異なる点を知ることで、自分の考えを広げ深めることができます。これはとても重要なことで、学校で学ぶことの良さのひとつです。

　人は他者との交流によって、人から学んだことを自分にあてはめたり、自分の思考を他者のそれと比較して、広げたり、修正したり、深めたりしているのです。1人で考えることも必要なことですが、他者と対話することで、自己の思考がより一層膨らんでくるのです。人は相互作用の中で生きています。お互いの影響を受けて成長しているのです。

　当然、他者との対話をする上で、他者との関係性が問題になります。人は相互作用の中で生きていますから、自分の行動によって当然相手も影響を受けますし、他者の行動によって自分も影響を受けます。どのような態度で対話するかで、そこにできる関係性も変わってきます。「問いを創る授業」での対話は、互いに認め合う関係性を創るのによい機会です。「問いを創る授業」では、発散的思考でたくさんの問いを創ります。質よりも量なのです。当然、最初はうまく創れません。たわいもないと思われるような問いも出てくるかもしれません。しかし、前にもお示ししたように、「問いはその生徒自身」です。自我関与して創った問いはその生徒自身ですから、その生徒が創った問いを大切にすることは、その生徒を大切にすることにつながります。

　そこで、どんな問いも大切にする雰囲気を学級の中に作ることが大切です。教師は、生徒たちが互いの問いを馬鹿にしたり、茶化したりする雰囲気を作らないように指導しなければいけません。どの生徒が創った問いも同じように大切な問いであることを教えることにより、互いに認め合う雰囲気が作ら

れていきます。

③授業規律の確立　ルールにもとづく話し合い

　「問いを創る授業」には、**①できるだけたくさん問いを創る。②問いについて、話し合ったり、評価したり、答えたりしない。③人の発表は最後まで真剣に聴く。④意見や主張は疑問文に書き直す。**という「ルール」があります。ルールに従って、問い創りを行うことにより、お互いに尊重し合い、協働して学ぶ場を形成することができます。問い創りの授業を初めて行うときは、教師が主導になって、ルールの意味をよく説明したり考えさせたりして、ルールを守る雰囲気を作ることが必要です。

　「ルールを守って、問い創りをすると楽しい」という体験の積み重ねが授業規律をつくりあげることにつながります。

　前に示した、自我関与のことを考えると「ルール」自体を生徒に考えさせることも有効です。問い創りもある程度体験してきたら、「学級のルール」づくりに「問いを創る授業」を用いて生徒を自我関与させると、より効果的にルールが機能します。

　学校でとった生活アンケートの〈「友達に『ありがとう』など感謝の気持ちを伝えている」と答えた生徒は９割以上いるのに、「友達からありがとうと言われたことがある」と答えた生徒は６割という結果でした。〉といった結果を、不思議のタネとして使うのもひとつの方法です。

　例えば、不思議のタネを「うちのクラスでは９割の人がありがとうと言っているのに、６割の人しかありがとうと言われていない。」のようにして、学級での生活のふりかえりや、お互いのマナーについて考えさせたり、学級のルールづくりのきっかけにしたりすることもできます。

　グループ活動は、互いに尊重し認め合う体験でもあります。それと同時に、互いに尊重し合うためにルールが守られることは、学習規律を作り上げることに通じます。どの教科等においても、年間を通じて授業の中に、「問いを創る授業」を取り入れることにより、学校として一貫した授業規律づくりにつながることが期待できます。

「不思議のタネ」は自ら問いを立て主体的に学ぶための源泉

　管理職をしていた勤務校で「問いを創る授業」の提案をしたとき、多くの先生方が「『問いを創る授業』って何ですか？　いままでの授業と、どこが違うのですか？」と頭の中に「？」がいくつも浮かび、戸惑いの表情を浮かべていました。そして次に聞こえてきたのが「『不思議のタネ』って何ですか？」「どうやって創ればいいのですか？」という言葉でした。

　まさしくこの「？」が「問いを創る授業」の醍醐味なのです。いままでは、教師がすでに知っていることを子どもたちに「伝達」する授業が大半でしたから、そこに教師の「？」が生まれることはなく、「いかに子どもたちに教えるか」に力を注いできました。如何せんこのような授業では、子どもの「？」や「ワクワク」「もっと知りたい」が生まれる授業の展開は期待できません。

　これからは子どもたちが「知りたいと思うことについて自分で考える」授業に注目が集まっています。ゴルフのメジャー大会マスターズ・トーナメントを日本人で初めて制した松山英樹さんがある番組で、「能力は有限、努力は無限」と語っていました。まさに人から与えられるものは有限ですが、自分で求めるものは無限です。不思議のタネはこの「自分で求める力」を生み出す源泉だと考えています。

　いままでの授業で私たちは、「正解を求める」ことを重視し、子どもが「問いを立てる」ということをおろそかにしてきました。知りたいと思うことや正しさは人それぞれ違うということを子どもたちに伝えることから逃げていたように思います。その結果、学生たちが自らの論文にネット上の文献などからコピーした文章や画像を貼り付ける、いわゆる「コピペ」という現象が問題になったのです。自分が知りたいことは何かを考えることは「自分に問う」ことであり、すべての学問の原点です。「教えこむ」授業から「自分の考えていること」を求められる授業へと変わっていくことが、主体的に学ぶことのはじめの一歩ではないかと考えます。

第2章

「問いを創る授業」の進め方を確認しよう！

準備
不思議のタネの創り方

① 不思議のタネとは

　授業における問いは2種類あります。「先生から与えられた問い」と「生徒自らが抱く問い」です。先生から与えられた問いが、必ずしも、生徒自らが抱いた問いと一致するとは限りません。生徒は、自らが抱いた問いだからこそ、探究したくなるのです。

図1　「いままでの授業」と「問いを創る授業」の「めあて」の提示までの流れ

　図1は、「いままでの授業」と「問いを創る授業」の「めあて」の提示までの流れを表したものです。いままでの授業では、先生が授業の「めあて」を提示します。「問いを創る授業」では、先生は「不思議のタネ」を提示します。**不思議のタネは、生徒が問いを抱くための起爆剤です。**つまり、「問いを創る授業」では、この起爆剤によって、生徒自らが抱く**問い**を引き出し、**めあて**へとつなげていきます。このプロセスを経ることで、生徒全員が本時のめあてに自我関与でき、その後の主体的な授業を可能にするのです。

　たとえ「先生から与えられためあて」と生徒たちの「問いから導きだされためあて」が同じであったとしても、提示されるまでのプロセスにおいて自我関与したかしないかが、その後の学ぶ姿勢に大きな影響を与えてしまうのです。

❷ 不思議のタネの３つの活用目的

　先生が問いを与え続けることは、自ら問うことを生徒から奪ってしまうことにもなりかねません。授業で不思議のタネを準備する意義は、問う力の育成にあります。不思議のタネは、生徒が問いを抱くための起爆剤です。その起爆剤がなくても、自ら問うことができれば、それに越したことはありません。私たちにできることは、乳幼児期にすでに備わっていた**問う力を錆びさせないこと**と、錆びてしまった不思議センサーを磨くことです。

　不思議のタネには、下記のような３つの活用目的があります[1]。

不思議のタネの３つの活用目的

①**フォーカス：Focus（探究する・追究する）**
　→概念・定義・授業の内容の理解

②**ディスカバリー：Discovery（視野を広げる・発見する）**
　→導入・深化補充・興味関心の喚起・新しい視点や考え

③**キープケアリング：Keep caring（問い続ける・気になる）**
　→生き方・在り方・人権・倫理・道徳

出典：鹿嶋真弓・石黒康夫『問いを創る授業』（図書文化社、2018年）を一部修正

　これらは、「問いを創る授業」を実践するうえでのゴールイメージです。活用目的を明確にすることで、自ずとどのような不思議のタネを準備すればよいかが見えてきます。

①フォーカス：Focus（探究する・追究する）

　概念や定義、授業の内容に焦点を絞り、探究や追究する学習活動を目的とした不思議のタネを、フォーカス（Focus）と命名しました。例えば、広島県呉市立昭和北中学校の小松明美先生、１年生の数学科、単元「資料の活用」の授業で、不思議のタネ「大縄跳び40回の記録」（図２）を提示し、問い創りにチャレンジしました。生徒は、資料を見ながらヒストグラムや代表

＊１）鹿嶋真弓・石黒康夫『問いを創る授業』図書文化社、2018年。

値の必要性とその意味について理解し、これらを活用して、2年生の運動会でより多く跳ぶための作戦を練りはじめました。

2列

13	18	21	19	22	22
28	24	22	25	23	28
33	26	25	29	36	
27	28	20	22	30	21
27	30	29	24	28	25
24	26	25	16	25	
26	31	34	27	34	

3列

16	20	19	8	28	14
30	18	18	37	20	25
23	24	25	24	26	17
14	26	34	12	28	29
22	43	34	21	31	11
8	24	26	33	38	
26	33	30	17	38	

図2　不思議のタネ「大縄跳び40回の記録」

②ディスカバリー：Discovery（視野を広げる・発見する）

　新単元や授業の導入、深化補充、興味関心の喚起、新しい視点で視野を広げたり、発見したりする学習活動を目的とした不思議のタネを、ディスカバリー（Discovery）と命名しました。例えば、高知県高知市立城西中学校の高橋さつき先生は、2年生の技術・家庭（家庭分野）、単元「さまざまな食品とその選択」の導入の授業で、不思議のタネ「4種類のブロッコリーの実物」（図3）を提示し、生徒主体の授業へとシフトさせました。生徒たちは、普段気にも留めていなかったスーパーマーケットに陳列された「ブロッコリー」について、自分事として問いを立て、問い直し、問い返し、問い続けながら、自分自身の納得解を得ることができました。

冷凍食品（299円）

地場産（198円）

外国産（160円）

有機（328円）

図3　不思議のタネ「4種類のブロッコリーの実物」

③キープケアリング：Keep caring（問い続ける・気になる）

　生き方や在り方、人権や倫理、道徳などの問い続ける学習活動を目的とした不思議のタネを、キープケアリング（Keep caring）と命名しました。例えば、高知県高知市立城西中学校の下元美樹先生は、3年生の保健体育、単元「現代的なリズムのダンス」の授業で、不思議のタネ「THIS IS ME」と映画『グレイテスト・ショーマン』のキャストの集合写真（図4）

図4　映画『グレイテスト・ショーマン』のキャストの集合写真（イラスト）

を提示し、自分自身に問い続けながら、ダンスとして表現する授業を展開しました。生徒にとって、この「THIS IS ME」が、単に英語を直訳した「これは私である」から、劇中で流れる主題歌を聞いたり、映像を鑑賞したりする中で、その映画の世界観に浸りながら、「私は私でいい」「これが私」と「私」について、考えを巡らすことができました。

❸　不思議のタネの創り方

　下図は、「問いを創る授業」の「導入」から「ねらい」に至るまでの先生と生徒の関わりを表したものです。「問いを創る授業」では、導入後、①→②→③の順に授業が展開されます。不思議のタネを創る際は、この場面を③→②→①のように、逆回転させるイメージで考えていきます。

　『凡庸な教師はただしゃべる。よい教師は説明する。すぐれた教師は自らやってみせる。そして、偉大な教師は心に火をつける。』という、ウィリアム・アーサー・ワード（William Arthur Ward）の言葉があります[*2]。まずは、先生が提示する不思議のタネで、生徒の心に火をつけてみませんか。

　不思議のタネを創るために、「『問いを創る授業』の単元指導計画」「先生のための『不思議のタネ』アイデアシート」「解決志向 de 不思議のタネ創り」の３つのワークシートを用意しました。

①「問いを創る授業」の単元指導計画

　ここでは「問いを創る授業」の単元指導計画（図５）にそって紹介します。

＊２）西澤潤一『21世紀問題群ブックス10　教育の目的再考』岩波書店、1996年。

まず、単元の目標と各授業のねらいを確認します。そして、指導計画の中のどこで「問いを創る授業」を実施すると効果的かを考え、○をつけます。次に、これだけは身につけさせたい、知識・技能（生きて働く知識・技能の習得）、見方・考え方など（思考力・判断力・表現力など）、姿勢や態度（学びに向かう力・人間性など）について、生徒たちの顔を思い浮かべながら考えます。そして、それぞれについて、何をどのように評価するか、具体的に記入していきます。次の日の授業のための教材研究も大切ですが、このようにシステマティックに考えることで、より効率よく効果的な教材研究が可能となります。あとは、この単元で、何に気づいてほしいか、どんな疑問をもって授業に臨んでもらいたいかについて考えていきます。最後に、これらを実現するための不思議のタネを創ります。

②先生のための「不思議のタネ」アイデアシート

　次に、先生のための「不思議のタネ」アイデアシート（図６）について、６つのステップにそって紹介します。

〔ステップ１〕授業のねらいとめあてを記入し、そのねらいを達成するための活用目的を、フォーカス・ディスカバリー・キープケアリングから選び、チェック☑する。

＊その下の「不思議のタネ」の欄には、最終的に決めたものを記載します。

〔ステップ２〕生徒たちから引き出したい問い（設定したねらいにつながるような問い）を書き出し、その中からどの生徒にも抱いてほしい問いを１つ選び○で囲む。

〔ステップ３〕ステップ２で考えた問いを引き出すための不思議のタネ（文章・写真・動画・図・表・グラフ・実物の提示・体験など形式にはとらわれない）をたくさん書き出す。

〔ステップ４〕ステップ３で考えた不思議のタネの基本チェックを、チェック項目に従って行い、必要に応じて修正する。

チェック項目：それ自体が質問（～とは？・何だろう？など）ではない
　　　　　　　それ自体が命令（～しよう・～確かめようなど）ではない
　　　　　　　新しい思考を刺激し誘発するようなもの明確な視点があるか

単元名:	これだけは身につけさせたい知識・技能 （生きて働く知識・技能の習得）	これだけは身につけさせたい姿勢や態度 （学びに向かう力・人間性など）
単元の目標		
指　導　計　画		
1	【何をどのように評価するか】	【何をどのように評価するか】
2		
3	これだけは身につけさせたい見方・考え方など （思考力・判断力・表現力など）	何に気づいてほしいか？ どんな疑問を持ってもらいたいか？
4		
5		
6		
7		**不思議のタネ**
8		
9	【何をどのように評価するか】	
10		

※問いを創る授業を行う時間に○をつける

【記入例】

単元名: 月と惑星の見え方	これだけは身につけさせたい知識・技能 （生きて働く知識・技能の習得）	これだけは身につけさせたい姿勢や態度 （学びに向かう力・人間性など）
単元の目標 　月が約1ヵ月周期で満ち欠けし、同じ時刻に見える位置が毎日移り変わっていくことを、月が地球の周りを公転していることと関連付けて理解する。 　月食と月食のしくみを理解する。 　金星の見かけの形と大きさの変化を、金星が地球の内側の軌道を公転していることと関連付けて理解する。	・既習の知識や生活経験をもとに、たくさんの問いを創ること。 ・満月、三日月といった月の名前から、毎日の月の形や見える位置が変わっていくこと、月が満ち欠けをくり返すのはなぜなのか、その原因が太陽、地球、月の位置関係によるものであること。 ・月食は、太陽と地球と月が一直線に並んだとき、月にあたる太陽の光が地球によってさえぎられるとき欠けて見える現象であること。また、すべてさえぎられるとき皆既月食ということ。	・既習の知識や生活経験をもとに、たくさんの問いを創ること。 ・月の満ち欠けや月食について興味・関心をもち、その違いについて、自分なりの方法で解決しようとすること。 ・班の話し合いでは、自らの役割に責任をもち、他者の良さに気づき、積極的に関りをもとうとすること。 ・自分の考えを伝えあったり、仲間の意見をしっかり聞いたりすること。 ・当初の自分の考えと他の人（他の班）の考えとを比較しながら、気づいたこと、わかったことを書き加えようとすること。
指　導　計　画		
1　月の満ち欠けについて① （満ち欠けする様子を確認）	【何をどのように評価するか】 ・月が満ち欠けをくり返すことや、月食が起こるしくみについてを自分の言葉で説明できる。（ワークシートで評価）	【何をどのように評価するか】 ・自分なりの方法で課題を解決しようとしている。（行動観察） ・積極的に他者に関り、他者の良さに気付き、自らの考えを見つめなおしたり改善したりしようとする。（ワークシートで評価）
2　月の満ち欠けについて② （満ち欠けするしくみを考察）		
③　問いを創る授業（満ち欠けと月食の考察）	これだけは身につけさせたい見方・考え方など （思考力・判断力・表現力など）	何に気づいてほしいか？ どんな疑問を持ってもらいたいか？
4　日食と月食（太陽、月、地球の位置関係から考察）	・地球から見える月の形からその規則性に気づくとともに、満ち欠けのときと月食のときの違いについて、自分の考えを表現することができる。 ・地球から見える月の形から、太陽、地球、月の位置関係について図に描き表すことができる。	・月の満ち欠けと月食のときの見え方に違いがあるのはなぜか？ ・月食は、なぜ時々しか起こらないのだろうか？ ・月の満ち欠けと月食が起こるしくみには何がちがうのだろうか？ ・月の満ち欠けと月食の方が、何か感じるのはなぜか？ ・月の満ち欠けは影の項目がはっきりして見えるけど、月食はぼんやりして見えるのは何が違うからだろうか？
5　金星の見え方 （金星の満ち欠けを考察）		
6　内惑星と外惑星について （見え方の違いを考察）		
7		**不思議のタネ**
8		
9	【何をどのように評価するか】 ・多様な考え方ができる。（ワークシート、行動観察で評価） ・月の満ち欠けと月食の見え方の違いを、太陽・地球・月の位置関係から図に描き表し、説明することができる。（ワークシートで評価）	
10		

※問いを創る授業を行う時間に○をつける

図 5　「問いを創る授業」の単元指導計画

先生のための「不思議のタネ」アイデアシート	
ステップ1 「ねらい」と「めあて」を記入し【活用目的】の□に✓を入れる	
ねらい： めあて： 不思議のタネ：	【活用目的】 □フォーカス ：Focus（探究する、追究する） →概念、定義、授業の内容の理解 □ディスカバリー：Discovery（視野を広げる、発見する） →導入、深化補充、興味・関心の喚起、新しい視点や考え □キープケアリング：Keep caring（問い続ける、気になる） →生き方、あり方、人権、倫理、道徳
ステップ2 生徒たちから引き出したい問い （どの生徒にも抱いてほしい問いを1つ選び〇で囲む）	**ステップ4** 不思議のタネの基本チェック（□に✓を入れる） □新しい思考を刺激し誘発するようなもの □それ自体が「〜とは？」「何だろう？」などではない □それ自体が「〜しよう」「〜確かめよう」などではない
	ステップ5 ブラッシュアップ（起爆剤としての工夫や仕掛け） 【ズレがある】 □自分の常識とのズレ □自分のイメージとのズレ □自分の予想とのズレ □自分の欲求とのズレ □既習事項・既有知識・既有体験とのズレ 【違和感がある・気になる】 □2つの違いが気になる（2つの写真の比較） □経過の違いが気になる（グラフの変化や表の数値の変化など） 【なりたい自分になる・未来への期待】 □何をすれば不思議のタネのようになれるのか
ステップ3 不思議のタネのリストアップ （文章・写真・動画・図・表・グラフ・実物の提示・体験など）	
	ステップ6 不思議のタネのブラッシュアップ案

先生のための「不思議のタネ」アイデアシート	
ステップ1 「ねらい」と「めあて」を記入し【活用目的】の□に✓を入れる	
ねらい：月の満ち欠けと月食の欠け方のちがいを理解し、区別できる。 めあて：月の満ち欠けと月食の欠け方のちがいを説明できる。 不思議のタネ：月の満ち欠けと月食の写真を提示する。	【活用目的】 □フォーカス ：Focus（探究する、追究する） →概念、定義、授業の内容の理解 ☑ディスカバリー ：Discovery（視野を広げる、発見する） →導入、深化補充、興味・関心の喚起、新しい視点や考え □キープケアリング：Keep caring（問い続ける、気になる） →生き方、あり方、人権、倫理、道徳
ステップ2 生徒たちから引き出したい問い （どの生徒にも持たせたい問いを1つ選び〇で囲む） ・月はなんで満ち欠けするの？ ・月の満ち欠けに規則性はあるの？ ・満ち欠けするのは月だけ？ ・この絵（or写真）は十五夜？ ・十五夜って満月じゃないの？ ・満月が欠けることってあるかな？ ◎月の満ち欠けと月食のちがいはどうやって見分けるの？	**ステップ4** 不思議のタネの基本チェック（□に✓を入れる） ☑新しい思考を刺激し誘発するようなもの ☑それ自体が「〜とは？」「何だろう？」などではない ☑それ自体が「〜しよう」「〜確かめよう」などではない
	ステップ5 ブラッシュアップ（起爆剤としての工夫や仕掛け） 【ズレがある】 □自分の常識とのズレ □自分のイメージとのズレ □自分の予想とのズレ □自分の欲求とのズレ □既習事項・既有知識・既有体験とのズレ 【違和感がある・気になる】 ☑2つの違いが気になる（2つの写真の比較） □経過の違いが気になる（グラフの変化や表の数値の変化など） 【なりたい自分になる・未来への期待】 □何をすれば不思議のタネのようになれるのか
ステップ3 不思議のタネのリストアップ （文章・写真・動画・図・表・グラフ・実物の提示・体験など） ・月齢カレンダー ・ボールを使った演示 ・三日月、上弦の月、下弦の月、満月、月食の写真を見せる ・満月が月食していく際の映像を見せる ・満月の日の月食の絵（or写真） ・月の満ち欠けと月食の写真	
	ステップ6 不思議のタネのブラッシュアップ案 ・月の満ち欠けと月食の写真

図6　先生のための「不思議のタネ」アイデアシート

〔**ステップ5**〕ブラッシュアップ（起爆剤としての工夫や仕掛け）のためのヒントをもとに必要に応じて修正する（36頁、「効果的な不思議のタネを創るポイント」参照）。

〔**ステップ6**〕ステップ5をヒントにブラッシュアップ案を考える。再度、アイデアシート全体を眺めながら、授業で提示する不思議のタネを決定し、ステップ1の不思議のタネの欄に記入する。

③解決志向 de 不思議のタネ創り

　「問いを創る授業」の単元指導計画や先生のための「不思議のタネ」アイデアシートは、個人で作成するものですが、「解決志向 de 不思議のタネ創り」（図7）は、学年会や教科会等で取り組めるワークシートです。

　「問いを創る授業」の準備をする際、最初に考えるのは「不思議のタネ」ではなく、ねらいやめあてを明確にすることでした。つまり、少し先の未来にワープして近い未来に戻すイメージです。

　学年会や教科会では、まず、目の前の生徒（図7では「現在の子ども」）が、これまでに何をどのように学んできたか、また、教材観、児童生徒観について話し合います。ここから、少し先の未来、つまり、この授業で何がどの程度できるようになっていればよいかといった、①の解決像・未来像、身

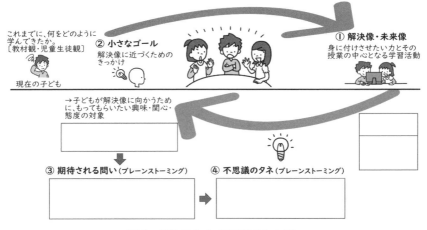

図7　解決志向 de 不思議のタネ創り

につけさせたい力とその授業の中心となる学習活動について考えます。そこから、時間軸を逆回転させていきます。

　次に考えることは、②の小さなゴールです。解決像に近づくためのきっかけとなる、生徒が解決像に向かうために、もってもらいたい興味・関心・態度の対象について考えます。さらに、③の期待される問い（生徒たちから引き出したい問い）にはどのようなものがあるかについて、仲間と一緒に考えます。そして、そのような問いを引き出すための起爆剤となる④の不思議のタネを考える、という手順となります。③の期待される問いや④の不思議のタネについては、いずれもブレーンストーミングで行います。このとき、付箋に書いて出し合うのもひとつの方法です。

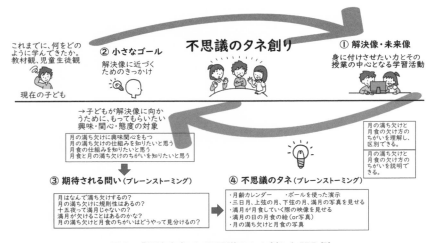

図8　「解決志向 de 不思議のタネ創り」記入例

④　効果的な不思議のタネにはギャップがある

　不思議のタネは、それ自体が不思議である必要はありません。ただ、あらためて聞かれると説明できないことって多いものです。普段、何気なく見ているものや気にも留めたことがないものの中に、「エッ？」「なに？」ということがたくさん転がっています。そう考えると、実は、どんなものでも不思議のタネになり得るのです。

　ここで大切なのは、効果的かどうかということです。不思議のタネをより効果的にするためのヒントは人間の好奇心にあります。問う力の源は好奇心です。好奇心には次の３つがあります。

・拡散的好奇心（いろいろな方向に発生する「知りたい！」という欲求）
・知的好奇心　　（知識と理解を深めたいという欲求）
・共感的好奇心（他者の考えや感情を知りたいという欲求）

　この中で拡散的好奇心がもっとも基本的なもので、やがて知的好奇心へと進化を遂げます。言葉を覚えたばかりの子どもが、大人を困らせるほど問い続ける「どうして？」が拡散的好奇心です。「広く浅く」が特徴のため、深まるところまではいきません。
　そこで、先生の出番です。拡散的好奇心から知的好奇心へと進化させるには条件があります。それを活用することで、効率よく効果的に進化させることができます。
　図９をご覧ください。予想と現実の不整合、情報の空白、この２つの条件がほどよく整ったとき、知的好奇心は MAX になることが示されています。「予想と現実の不整合」とは、自分が予想したことと現実とのズレのことで、私たちはつねにこのズレを修正しながら認知発達を遂げてきました。しかし、好奇心の視点からこのズレを眺めてみると、ズレが小さいと「まあ、こんなものか」と好奇心は弱く、逆にズレが大きすぎると、今度はわからないことだらけのため「まあ、いいか」とこれまた好奇心は弱くなります。
　「情報の空白」とは、心理学・行動経済学者のジョージ・ローウェンスタインが提唱した考え方で、

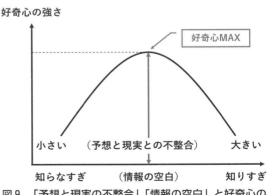

図９　「予想と現実の不整合」「情報の空白」と好奇心の強さとの関係

新しい情報によって無知を自覚し、自分の知識の空白の存在に気づいたとき、好奇心が湧くというものです[*3]。つまり、好奇心がもっとも強くなるのは、「知りすぎと知らなすぎの間」になるわけです。これらをうまく生徒たちに提供することが、先生の役割と言えるでしょう。

　以上のことから、不思議のタネを創るには、ズレやギャップが大切だということをご理解いただけたと思います。具体的には、先生のための「不思議のタネ」アイデアシート（図6）の〔ステップ5〕に、起爆剤としての工夫や仕掛けとして、効果的な不思議のタネを創るポイントが記してあります。

効果的な不思議のタネを創るポイント

【ズレがある】
　□自分の常識とのズレ
　□自分のイメージとのズレ
　□自分の予想とのズレ
　□自分の欲求とのズレ
　□既習事項・既有知識・既有体験とのズレ
【違和感がある・気になる】
　□2つの違いが気になる（2つの写真の比較）
　□経過の違いが気になる（グラフの変化や表の数値の変化）
【なりたい自分になる・未来への期待】
　□何をすれば不思議のタネのようになれるのか

---

*3）イアン・レズリー著、須川綾子訳『子どもは40000回質問する　あなたの人生を創る「好奇心」の驚くべき力』光文社、2016年。

「問いを創る授業」の心構え

① 「教師主導の授業」から「生徒主体の授業」へ

　『子どもは40000回質問する』（前掲）の中に登場するロイドは、「学校の授業は退屈だったが、興味のあることを学ぶのは、われを忘れるほど楽しかった。どんなことも詳しく知るとますます興味がわいてくる。だけど、それは人から教わるものじゃない。」と言っています。少なくとも、義務教育の９年間、ロイドのいう退屈な授業を行うのか、われを忘れるほど楽しい学びの時間（以下、ワクワクする授業）にするのか、先生の腕の見せ所です。

　そこで、典型的な教師主導の退屈な授業（図10）と、生徒主体のワクワクする授業（図11）を比較してみましょう*4。

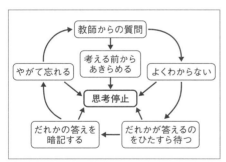

図10　教師主導の授業

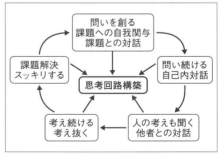

図11　生徒主体の授業

　教師主導の授業（図10）では、生徒の多くは答えを知りたがります。どのようにしてその答えを導き出したのか、その思考プロセスにはさほど興味はありません。興味があるのは、テストに出るか出ないかです。「テストに出

＊４）前掲『問いを創る授業』（図書文化社、2018年）より一部修正。

る」と思ったら暗記もしますが、テストが終わると残念ながら忘れてしまいます。つまり、退屈な授業では、いずれの段階でも思考は停止していることになります。

　いっぽう、生徒主体のワクワクする授業（図11）では、自ら問いを抱き、問い続けます。単なる暗記とは異なり、絶えず自らを問い直し、問い返すといった自己内対話をしています。つまり、いずれの段階でも思考回路を構築するための活動が行われているということです。

　ちなみに、思考とは「経験や知識をもとにあれこれと頭を働かせること」（デジタル大辞泉）なので、わからないことを調べたり、覚えたりすることではありません。調べた情報や、これまで得てきた知識や経験をもとに、あれこれと自分の頭を働かせ、知恵へと変換するプロセスのことです。

❷ 「問いを創る授業」での先生の役割

　いままでの授業では、生徒が課題を達成するため、先生はヒントを出しながら、あたかも生徒が自力で解けた気になるよう、黒子に徹してきまし

いままでの授業：ヒントを出す
① 答えに直接結びつくヒント → 思考を止める
② 解き方の手順となるヒント → 作業を始める
③ 思考が深まることば　　　 → 自己内対話が促進される

問いを創る授業：安易なヒントは出さない
→ 待つ姿勢が大切

た。しかし、そのヒントには上に示すように、答えに直接結びつくヒントで生徒の思考を止めてしまったり、解き方の手順となるヒントで作業をはじめたりするものが多いように思われます。

　「問いを創る授業」では、生徒は自己内対話を繰り返しながら、思考回路を構築していきます。先生の役割は、生徒の自己内対話が促進するよう、生徒の鏡（もうひとりの自分）となることです。自己内対話が促進されるようなことばが出てこないときでも、無理してヒントを出すことはしません。そんなときこそ、生徒を信じて待つことです。生徒に必要なのは、先生からの安易なヒントではなく、じっくりと考える時間を保障してあげることなのです。

「問いを創る授業」で付箋を使う意義

　「問いを創る授業」で付箋を使う意義は、数の視覚化、分類の視覚化、分布の視覚化の３つがあります。不思議のタネをもとに、頭に浮かんだ問いを付箋に書き出していくと、当たり前ですが〔問いの数＝付箋の枚数〕になります。はじめのうちは、なかなか書けなかった生徒も、回を重ねるごとに付箋の枚数が増えていくことを実感できます（**数の視覚化**）。

　また、「問いを創る授業」では、班やクラスでどのような種類の問いが出されたかを分類します（**分類の視覚化**）。さらに、その分類ごとの付箋の数を見比べることで分布がわかります（**分布の視覚化**）。

❶ 「問いを創る授業」の基本構成にみる付箋を使う意義

　「問いを創る授業」は、生徒の自己内対話が促進されるように、以下の①〜③を行うようにプログラムを構成します。この①〜③を繰り返し練習することで、学ぶ力・考える力などが養われます。

---

①**発散思考**：たくさんのアイデア（問い）を考え出し、幅広く創造的
　↓　　　　　に考える。
②**収束思考**：答えや結論に向けて情報やアイデア（問い）を分析した
　↓　　　　　り統合したりする。
③**メタ認知**：自分が学んだことについて振り返る。
　　　　　　　前掲『たった一つを変えるだけ』（新評論、33頁）を参考に作成

　このプログラムからもわかるように、問いを分析したり統合したり、学んだことをふりかえるには、書き出された問いを、１つ１つ独立させておく必要があります。不思議のタネをもとに、頭に思い浮かんだ問いを付箋に書き出していくことで、１つ１つの問いが独立し、自由自在に扱うことができる

ようになります。

①発散思考における付箋の活用

　発散思考とは、すでにある情報をもとにして考えをどんどん広げていき、いままでにはなかった新しいアイデアを出していく思考方法です。一般的にはブレインストーミングやウェビングマップなどがこれにあたります。本授業では、不思議のタネをもとに、生徒たちはできるだけたくさんの問いを付箋に書き出します。その後、班になって付箋を見せながら読み上げ、台紙に貼っていきます。また、ほかの生徒が出した問いを聞くことでさらに思考が広がったり、新たな問いが浮かんだりします。

②収束思考における付箋の活用

　収束思考とは、親和図法[*5]の分けていく過程などがこれにあたります。本授業では、創った問いを自分で取捨選択したり、班の仲間と共に、付箋に書き出した問いを分類したりしていきます。また、重要だと思う問いを班やクラスで絞り込むこともあります。さらに、自分が創った問いを付箋に書き出してあるため、俯瞰的にながめやすくなります。この付箋を俯瞰的にながめながら、自分は何を知りたいのか、何を学びたいのか、どうすればそれがわかるのかなどを見つけていく過程です。

③メタ認知的思考における付箋の活用

　メタ認知的思考とは、自分の思考や行動そのものを対象として客観的に把握し認識することです。本授業では、台紙や黒板に貼られた付箋を意識することで、生徒は、この授業を通して、自分は何を知っていて、何を知らないのか、何を知りたいのか、そして何を学ぼうとしているのかなど、自分自身の学びを振り返り、俯瞰することができます。

[*5] KJ法（収集した情報をカード化し、同じ系統のもので班化し情報の整理と分析を行う）を起源にしたもので、特定の問題についての事実・意見・発想等をカード化し、カードの班化を進めます。活用目的には、未知・未経験分野の問題解決や問題の明確化を目的とする場合と、問題解決のプロセスのさまざまな場面での収束を目的とする場合があります。

３つの収束方法

　「問いを創る授業」には３つの収束方法があります。

　私たちは、生徒が創った問いをもとに学習課題を設定していくプロセスのことを「収束」と名づけています。

　『たった一つを変えるだけ』（前掲）の中では、生徒が創った質問の中からどうしても解決したい質問を３つ選ぶことで、学習課題を設定しています。この「３つ」には大きな根拠はないようなので、授業の内容などに応じて変えてもよいと思われます。

　私たち TILA 教育研究所でも最初はこの「３つを選択する方法」を用いていました。しかし、小学校や中学校で「問いを創る授業」を行う場合、この３つを選ぶ方法はやや課題があります。

　前にご説明したように、生徒が創る問いは、生徒が自我関与した成果物です。問いが書かれている付箋は生徒にとっては大切なものになります。

　１回の「問いを創る授業」で生徒はとても多くの問いを創ります（小学校１年生でも１時間の授業でクラス全員の付箋を合わせると100枚近くになることもあります）。すると、たくさん考えて書いた付箋も全体で３つしか使われないことになります。

　生徒が創った問い≒生徒自身と感じる心の動きを考えると、自分の問いが選ばれないことは、生徒にとっては寂しいことです。また指導される先生もそのように感じているようでした。そこで私たちは選択以外の学習課題の設定方法を考えました。

　以下にそれをご紹介します。

ア　選択型収束法

　これは、『たった一つを変えるだけ』と同じ方法で、創った問いの中から、どうしても解決したいもの（気になるもの、解決するとスッキリするものな

ど）を３つ選ぶという方法です。この３つには特に根拠はありません。授業の状況によって２つや４つに変えても構いません。

イ　包括型収束法

　この方法は、生徒が創った問いを元に、それらの問いを含むようなさらに大きな問いを創るというイメージです。グループ内で、生徒が創った問いを、問いの内容によって整理・分類します。そして、整理・分類した付箋を、その視点ごとにあらかじめ配付しておいた台紙に貼ります。台紙の枚数は分類する視点の数だけ必要になります。

　分類をする視点は生徒に考えさせてもよいのですが、この後学習課題を設定する際に、この単元の目標に沿った課題設定ができるように、ある程度教師がその視点を与える必要があります。これは後の授業をどのように展開するかにかかってきます。

　次に、その台紙に貼られている問いが全部含まれるような大きな問いを班員で相談して考えます。そして台紙の目立つ場所にその大きな問いを書きます。教師は、あらかじめ生徒からどのような問いが出てくるか予想します。

　そして、それらをどのように分類すると次の学習課題につながるかを考えて整理・分類する視点を決めるとよいでしょう。グループ内の作業が終わったら、各グループが創った台紙を黒板に貼ります。

　このとき、他のグループが貼った台紙を見て、似たような大きい問いが書かれている台紙同士を近づけて貼ります。すべてのグループの台紙が貼られたら、学級全員でそれを眺めながら、全部の問いが含まれるような、大きな問いにまとめたり、視点ごとにいくつかの大きな問いにまとめたりします。

　全体で１つにまとめるか、いくつかの視点ごとに問いをまとめるかは今後の授業の進め方によって決めてください。

ウ　発散解決型収束法

　この方法は、問いを創った後、収束させない方法です。図12をご覧ください。これは発散解決型収束法のワークシート例です。授業で、この探究ワークシートを配付し、不思議のタネを提示します。

生徒は、個人個人でワークシートに、自分の考えた問いを書いていきます。書き終えたワークシートは机の中などにしまいます。

そして、通常の授業を行います。授業の終わりに、ワークシートを取り出し、授業を通して解決した問いにはチェックを入れます。

また、よくわかってスッキリしたことやまだモヤモヤしてよくわからないことは、下の欄に書きます。

この収束方法は、自分自身で「あぁ、そうか！」と気づく、自己解決型と、教師の説明により、「なるほど」と疑問が解決する教師解決型があります。

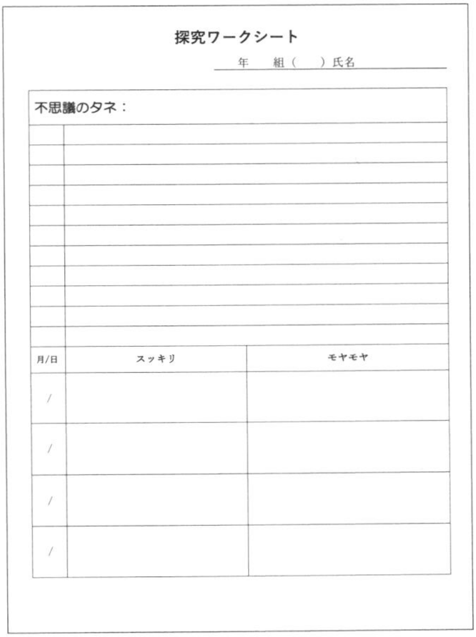
探究ワークシート

年　組（　）氏名

不思議のタネ：

月/日	スッキリ	モヤモヤ
/		
/		
/		
/		

図12　探究ワークシート

思考ツールの活用

　思考ツールは、前の３つの収束方法のところでご説明した問いを整理・分類するための台紙のことです。生徒が、考えを整理・分類しやすくするためのものです。生徒の思考を可視化して、みんなでそれを操作しながら考えるのに役立ちます。この思考ツールは、こうでなくてはいけないというものではなく、生徒の発達段階や授業の内容に合わせてさまざま工夫ができると考えています。

　小学校では、「ひまわりツール」というものが使われています（図13）。

　植木鉢にあたるところに不思議のタネを記入し、葉にあたる部分に問いを書いた付箋紙を貼ります。ひまわりの花の中央には、葉の部分に貼られた付箋紙の問いが全部含まれるような大きな問いを記入します。創った問いを分類する視点の数だけこのシートが必要になります。

不思議のタネ

図13　「ひまわりツール」

　前に説明したように、各班で整理した思考ツールは図14のように黒板に貼ってさらに大きな問いを創ります。

　要は創った問いを整理・分類する際に視覚的に操作しやすくするためのものですから、どのようなものでも構いません。

　中学生でも「ひまわりツール」を使っていいのですが、発達段階を考えて少し知的な要素を高めたツールを使ってもいいでしょう。

　例えば、「フィッシュボーンチャート」[6]を活用するのもいいでしょう。も

ともとは「現在の結果」（特性）がどのような要因で発生したのかを図式化したものなので「特性要因図」とも呼ばれます。これを利用して魚の骨にあたる部分

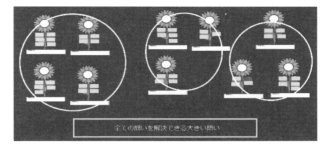

図14　「ひまわりツール」を黒板に貼付

に付箋紙を貼っていって、魚の頭に大きな問いを書き入れます。

　また、魚の骨の枝ごとに分類する問いの視点を変えるという使い方もできます（図15）。

　小学校で用いている思考ツールは、創った問いを大きな問いにまとめる包括型収束法に向いています。選

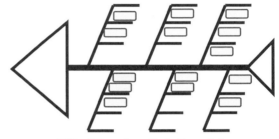

図15　「フィッシュボーンチャート」

択型収束法では、子どもが自我関与して創った問いが授業に使われないことがあります。発達段階を考えると小学校では包括型が向いていると言えます。

　一方、中学校の実践例では選択型収束法を取り入れている事例がほとんどです。最近では班活動にミニホワイトボードを使っている学校が多く見受けられます。特別なシートを使わずとも、班に１つミニホワイトボードを渡して、そこに付箋紙を貼って整理・分類したり、書き込みをしたりして思考を整理する方法もあります（図16）。

　個人が創った問いを班で発表し、ミニホワイトボードに貼っていきます。その際、問いが書かれた付箋紙を整理・分類しながら、ホワイトボードに線を引いたり、キーワードを書き込んだりして問いを整理・分類します。

　そして、班で個人が創った問いを発表し合い、その問いが解けると、スッ

＊６）1952年に工学博士・石川馨氏によって考案されたもの。

キリするような問いを３つ
に絞ります。各班で問いを
３つに絞ったら、ミニホワ
イトボードを黒板に貼り、
クラス全体で共有します。
黒板に班のミニホワイト
ボードを貼るときも、似た
ような問いが書かれたもの
があれば近くに貼ります。
そして、各班から出された

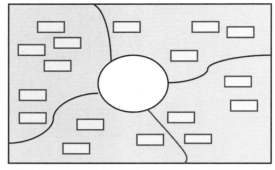

図16　ミニホワイトボードに付箋紙を貼って整理・分類
したり、書き込みをしたりする

問いの中から、これがわかれば、『スッキリ』する問いを最終的に３つに絞
り込みます（図17）。

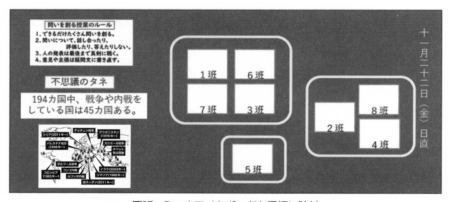

図17　ミニホワイトボードを黒板に貼付

　このようにミニホワイトボードを使う方法だと、授業ごとに思考ツールを
準備する必要はなく、いつでも気軽に使うことができます。
　「問いを創る授業」を学校全体で実施していれば、どの教科でもこの方法
を実施することで、生徒も教師もより円滑に問い創りを行うことができるよ
うになります。ミニホワイトボードは自由度が高いため、どの教科でも活用
しやすく、中学校・高等学校向けと言えるでしょう。

5 ? 問い創りノートの活用

　「問いを創る授業」では、付箋紙をたくさん使います。付箋紙に書かれた問いは、その生徒が必死に考えたものです。ですから、付箋紙は生徒が自我関与した成果物と言えます。また、付箋紙に書かれた問いは、そのときの生徒の思考を表しています。「問いを創る授業」が終わった後、その付箋紙を捨ててしまうのは、二重の意味でもったいないことです。

　そこで著者は、図18のような問い創りノートを考案しました（付録176、177頁参照）。

図18　問い創りノートのサンプル

　ノートは見開きで図18のようになっています。ノートの左ページの上部には、教科名、単元名、使われた不思議のタネを書くところがあります。そして、その下の左側には付箋紙を貼ります。右側には、授業や調べ学習などを通して、自分で創った問いについてわかったこと、きづいたこと、すっきり

しないことなどを記入します。右ページの下部には、この授業でわかったことを「要するに」として授業の内容を要約するところを作りました。

　授業によって付箋紙の数がこのページに収まらない場合もありますから、その場合はさらに次のページ以降も使います。ノートの先頭のページには、図19のようなインデックスページを作っておきます（付録178、179参照）。

図19　インデックスページの例

　不思議のタネとそれが書かれているページを書いておくことで、後から見返すときに簡単に検索できるようにします。この問い創りノートは、教科毎に使うこともできますが、教科横断型で使用することもできます。問いを創る授業で創った問いの付箋紙は、教科に関係なく、１冊のバインダーにまとめておくやり方もあります。

　そうしておくと、パラパラとノートをめくって見返すことで、教科をまたいだ新たな発見が起きるかもしれません。１年間経つと、バインダーのノートは膨れてきます。１年生から３年生までのノートを１つのバインダーにファイルしていくと、分厚いノートになります。その厚さはまさにその子の学びの印であり、達成感や自信にもつながることが期待できます。

　「問いを創る授業」では、最終的に不思議のタネや付箋紙を使わなくとも、

自分で問いを創り、探究していくことができるようになることを目指しています。ですから、子どもの発達や問い創りの習熟度により、さらに次の段階のノートも用意しています。それが図20です（付録180、181参照）。

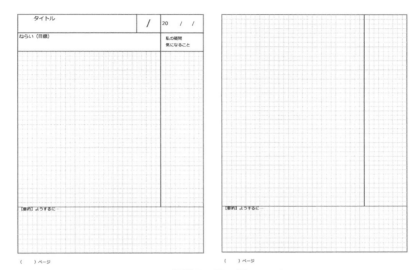

図20　通常用の問い創りノート

　やはり見開きで使用します。左のページには、タイトルと日付、そしてその授業のめあてや目標を書く欄があります。そして、中央の一番広い部分が、授業のノートを取るところです。ページ右端の部分の私の疑問・気になることが、自分で見つけた不思議のタネや問いになります。「問いを創る授業」をしなくても、付箋を用意しなくても自分で何か気になるところを発見して、それについて問いをメモし、授業を受けていきます。つまり、「問いを創る授業」をしていないときでも、「問い」をもつことを意識づけるためです。授業を受けて解決しなければ、質問したり自分で調べたりして解決します。

　ノートのページ下には、「要約」の欄を設けてあります。つねに、学んだことを、自分の言葉で自分なりの理解を創るようにします。ノートの先頭にはやはりインデックスページを作り（付録182、183参照）、あとで振り返るときに活用します。このようなノートを印刷して作らずとも、生徒たちが自分でノートに線を引いて作ってもよいです。

不思議のタネは蓄積データでブラッシュアップ

　授業のねらいにつながる「問い」を生徒たちが抱くか否かは、先生の提示する不思議のタネにかかっています。提示した不思議のタネがその授業において妥当であったかどうかを客観的に分析して、今後の授業に生かすことが大切です。そのための方法として、ここでは、**蓄積データ**を活用した不思議のタネのブラッシュアップの仕方について紹介します。

　「蓄積データ」とは、いままで無意識であった自分の指導行動について、いい結果になったか否かを客観的に分析、評価、改善していくシステムです[7]。これを「不思議のタネ」の蓄積データに活用する場合は、「どのような不思議のタネを提示したら」「生徒はどのような問いを抱いたか」について、授業のねらいにつながる問いを抱いたか否か〔◎・○・△〕で記録していけばいいわけです（次頁の表参照）。蓄積データを書くだけでも私たちの脳は物事を客観的に分析できるようになります。このような脳の働きをメタ認知と言います。メタ認知にはセルフモニタリング機能とセルフコントロール機能があります。蓄積データは学校の財産です。実践した「問いを創る授業」のすべての蓄積データを不思議のタネ集として Excel ファイルに保存し、授業終了と同時に更新していきます。この不思議のタネ集は、全職員がいつでも閲覧できるので、教材研究の合間に眺めるだけでも、多くのヒントを得ることができます。例えば、表の③は、『実際の演示を見て配付された用紙に生徒が色を塗って見せ合う』までが不思議のタネになっています。つまり、問い創りの前段階である不思議のタネにまで生徒に自我関与させるという、これまでにない提示の仕方をしていることがわかります。みなさんの学校でも不思議のタネ集を作成し、ブラッシュアップしてみてはいかがでしょう。

---

*7）鹿嶋真弓『うまい先生に学ぶ実践を変える２つのヒント―学級経営に生かす「シミュレーションシート」と「蓄積データ」』図書文化社、2016年。

実施日	実施クラス	単元	上段：ねらい／下段：生徒から引き出したい問い	不思議のタネ	効果	キーワード	実際の生徒の問い	備考
① R1 12月	3年B組	月と惑星の見え方	月の満ち欠けのしくみについて説明できる。／月の満ち欠けはどのようにして起こるの？	月齢カレンダー	△	・月の満ち欠け ・月食とのちがい ・見分ける	・なんで月はこんなに満ち欠けするの？ ・月の満ち欠けには規則性があるの？ ・満ち欠けの周期はなにで決まるの？ ・満ち欠けするのは月だけなの？ ・月から地球を見たらどう見えるのかな？	月齢カレンダーは、月の満ち欠けの形の変化や規則性、月の行きのしくみに関する月行きは出にくかった。このふしぎのタネは、「月の満ち欠けについて説明できる。」をめあてとした授業の場合に活用できるのでは？
② R2 1月	3年A組	月と惑星の見え方	月の満ち欠けと月食のちがいを説明できる。／月の満ち欠けと月食のちがいはどこで見分けるの？	十五夜の日の月食の絵	◎	・月の満ち欠け ・月食とのちがい ・見分ける	・十五夜って満月じゃないの？ ・月の満ち欠けと月食ではどちらのちがい？ ・月食って満月のときしか起こらないの？ ・本当に月食かどうかはどうすればわかるの？ ・月の満ち欠けか月食かを見分けるにはどこを見ればいいのかな？	この不思議のタネにしたのは、月の満ち欠け方のちがいが明確になると、月と太陽の位置関係から観察できる月の満ち欠けを正しく描くことができるようになると考えたから。
③ R2 12月	3年A組	月と惑星の見え方	月の満ち欠けのしくみについて説明できる。／懐中電灯（太陽）とバレーボール（月）の場所（角度）を変えると光の当たり方はどう変わるのかな？	バレーボールを使った演示を見て体験すること（体験は1回のみ） 配付した用紙→	◎	・懐中電灯（太陽） ・バレーボール（月） ・光の当て方 ・角度	・自分の席から見ているところの形が少ないのはなぜ？ ・光の当たり方を変えると見えるのかな？ ・月の満ち欠けは光の当たる角度に関係があるのかな？ ・どうすれば新月なの？	不思議のタネを演示する際、自分の席から見たバレーボールの光っている部分の形を紙に描き、頭上に掲げて見せ合ってもらった。演示後、各班に懐中電灯とバレーボールを配付し、探究する時間を確保した。
④ R3 1月	3年A組	月と惑星の見え方	月の満ち欠けと月食のちがいを説明できる。／月の満ち欠けと月食のちがいはどこで見分けるの？	月の満ち欠けと月食の写真	◎	・月の満ち欠け ・月食とのちがい ・見分ける	・月の満ち欠けと月食って何がちがうの？ ・月食って月の満ち欠けとはどうやって見分ける方法があるの？ ・月の満ち欠けと月食はどうやって見分けるの？ ・月の満ち欠けと月食のちがいにはどのようなちがいがあるの？	月の満ち欠けのしくみについては既習しているので、本時では月食のしくみについて、班で探究し、意見交流することができた。

コラム ❷ ある生徒の言葉「問いからまた新たな問いが生まれる」が意味すること

　タイトルの言葉は、勤務していた中学校で数学の「問いを創る授業」の後に行われた事後検討会の中で、授業を受けた生徒が発した言葉です。本来子どもたちは、未知の事象に出合ったときには「なぜかな？」とか「どうしてだろう？」という問いが頭の中に浮かび、そこから探究心が生まれ、自分で考えてみるということを毎日の生活の中で当たり前のように行っていたはずです。

　ところが学校で行われている授業では、問いがすでに黒板に書かれていて、生徒たちはその問いの答えを探すことに慣らされてきました。答えを見つける授業では、答えがわかれば満足し、答えがわからなければあきらめたり、学ぶことから逃げてしまったりする場合もあります。そこからさらに他の何かを知りたいという気持ちは生まれてきません。

　「問いを創る授業」のすごさは、タイトルにある「問いからまた新たな問いが生まれる」という言葉にあるように、自らが問い続けることを楽しむようになることです。私はこの言葉は小さな哲学者の言葉だと思っています。その生徒はどちらかというと勉強が苦手で、特に数学は最も不得手とする教科でしたが、「見えていても測れない長さがある」という不思議のタネから√を導き出す授業の中で、必死に定規で長さを測り、計算機を使って辺の長さを求め、「もっと時間を延長してください」という発言まで飛び出しました。普段の授業の姿からは想像できないことです。

　本来授業とは、勉強に対して苦手意識をもっている子どもの顔が上がり、前のめりになるものです。同じことが英語の「問いを創る授業」でもありました。普段筆記用具さえ持って来ていない生徒が、不思議のタネに触発され、問いを創りたくなり、隣の席の生徒にシャープペンの芯をもらって、その芯で付箋に問いを書いていたのです。彼はきっと自分の「内側からの声」を感じて、それを表現したくなったのだと思います。この「内側からの声」こそ、最近ようやく注目されてきている非認知能力です。

第3章

「問いを創る授業」
をやってみよう！
（実践例）

国語科（３年）『問いを創る授業』実践例１

不思議のタネ「比較する」

単元名「多面的に検討する」『黄金の扇風機』／『サハラ砂漠の茶会』
（４時間目／５時間扱い）
教科書名 『新しい国語３』（東京書籍）
本時の目標➡「二つの文章を比較して『美しさを感じる』ことや『美』についての考え、『論』の進め方や表現についての共通点や相違点を捉える。」

🔍🔍 なぜ、この不思議のタネにしたのか？

　「二つの文章を読み比べ」た上で、「論の進め方や表現について評価する」ことや「文章の内容について自分の考えをもつ」ことが、本単元の目標であることから、「比較する」という言葉を不思議のタネとしました。単元の第１次でも「比較する」ことを意識させる不思議のタネを設定しているため、生徒は自然な流れで不思議のタネに取り組めるようになると考えました。「何と何を比較するのか」という初歩的な問いから「比較するときの観点は何か」「選ぶための比較か理解を深めるための比較か」などの既習の内容を含んだ問いまで幅広い問いを引き出しやすくして、「比較の観点」を考えることから学習に取り組めるようにしました。

📖 授業の流れ
1. 導入（3分）

T：この単元の最初の時間に「深キョン」と「オタフク」の画像を見て問い
　　づくりをしました。どんなことがわかりましたか？

S：人によって感じ方が違う。

S：時代によって「美」の基準が違う。

T：そうだね。何をどう見るかで結果は変わってくることがわかったね。

T：その後の授業では、『黄金の扇風機』と『サハラ砂漠の茶会』の二つの
　　文章を読んでその内容について考えてもらいました。

2. 不思議のタネの提示（2分）

T：今日も問いを創る授業をします。不思議のタネは「比較する」です。（電
　　子黒板に「比較する」と大きく表示する。）

S：えー‼　これだけですか？

T：これだけです。さあ、この言葉を見て問いを創りましょう。

💭『問いを創る授業』を機能させるポイント

　本単元の第１次では、画像を不思議のタネに使い、生徒の興味関心をも
たせた上で、目標に迫っていくスタイルをとりました。しかし本時では、
比較するときの観点を考え、二つの文章を比較していくことが目標である
ため、言葉をとおして思考する活動を仕組みたいと考えました。

3. 問いを創る（10分）

T：いまから付箋紙を配ります。まずは個人で問いを創り付箋紙に問いを書
　　いてください。１枚の付箋紙に一つの問いを書きます。時間は３分間で
　　す。でははじめてください。

S：「何と何を比較するのか。」「二つの文章を
　　比較するのか。」「比較する意味は何か。」「比
　　較することからわかることは何か。」「二つ
　　の文章の何を比較するのか。」「何のための
　　比較か。」「比較すると何がいいのか。」

T：はい、時間です。次は自分が創った問いを班の中で発表し合ってください。そして内容によって整理してください。

S：似たもの同士でまとめればいいですか？

T：そうだね。問いの内容を比較して、分けてみてください。時間は7分です。

☁ 『問いを創る授業』を機能させるポイント

　機間巡視をしながら話し合いが進んでいるグループや進んでいないグループを確認し、進んでいないグループには、遠慮せずにまず個人の考えを話し合いのテーブルに載せるように促しました。それを受けて、「あー、なるほど」や「そうか！」といった声も出ていたので、全体にも同様の指示をして、まずは意見が出揃うように工夫しました。

4．問いを絞る（10分）

T：これから各班にホワイトボードを配ります。自分たちの創った問いの中で、どうしてもスッキリさせたいという問いを3つ選び、スッキリさせたい順にホワイトボードに書いてください。時間は10分です。

S：三つじゃなければダメですか？

T：最大三つにしましょう。

T：はい、時間です。ホワイトボードを黒板に貼りにきてください。

T：では、各班のどうしてもスッキリさせたいという問いを発表してください。

T：ありがとうございました。さて、各班の創った問いを眺めてみて、何がわかれば、全班の問いがスッキリしますか？

S：「文章の比べ方がわかる。」「文章を比較するときは何を比べればいいか。」「『黄金の扇風機』と『サハラ砂漠の茶会』の比べ方がわかる。」

T：では、みんなの意見をまとめて、「文章を比較するときの観点を考える。」にしましょう。

S：観点って何ですか？

T：目のつけどころ。文章の何に注目して比べるかということです。

☁ 『問いを創る授業』を機能させるポイント

　問いを絞るにあたって、多くの生徒は二つの文章を比較する学習であることを予測している様子でした。また、二つの文章の何について比較をするのか

ということを意識していた生徒もいました。どちらがよいかを選ぶためでなく、理解を深めるための比較であることに気づかせるようにしました。

5．問いを使う（15分）

T：それでは絞った問いから学習目標を「比較するときの観点を考え、二つの文章を比較しよう」にします。

T：まずは個人で、ワークシートの「観点を考えよう」と記載されている部分に思いつく観点をメモしましょう。

T：では、次に個人で考えた、比較するときの観点を班の中で発表して下さい。

『問いを創る授業』を機能させるポイント

　文章の比較の観点を考えさせるため、生徒が意見を出し合うことができるよう時間を取りました。分類する上で内容面では筆者の主張や根拠、具体例などを挙げる生徒もいました。形式面では、構成に着目した反面、文末の表現（敬体・常体）の違いを見落としていた生徒が多く、授業者が取り上げました。二つの文章を比較するために本文をコピーしたプリントを配付し、相違点から着目するように指示をして各自でワークシートに記入させ、その後、他者と意見交流をさせ、自他の意見の比較も図りました。

6．まとめ（ふりかえり）（10分）

T：それでは、グループでの話し合いの結果を発表してください。

S：相違点として、「黄金の〜」の文章では、美しさについて文化や地域によりさまざまであるのに対して、「サハラ〜」の文章では、国境などを超えて人は同じように美しいと感じる感覚があるということがわかりました。

編者の視点

　「比較する」を不思議のタネとして機能させるために、単元の最初に女優とおたふくの画像を用いて問いを創る授業をしています。おたふくは日本的な女性美と言われますが、生徒の美の認識とはギャップがあります。本時で比較することを考えさせるために、このギャップを利用しています。文章の比較にとどまらず、「比較」そのものに迫る授業です。　　　（石黒）

単元名：多面的に検討する

単元の目標
- 文章を読み比べて、論の進め方や表現について評価する。
- 黄金の扇風機・サハラ砂漠の茶会
- 文章を読み比べて、文章の内容について自分の考えをまとめる。

これだけは身につけさせたい知識・技能（生きて働く知識・技能の習得）

- 既習の知識を活用し、問いをたくさん創ることができる。
- 文章を読み比べて、論の進め方について共通点や相違点を見つけることができる。
- 二つの文章を読み比べて、「美しさ」や「美」について自分の考えをまとめることができる。

[何をどのように評価するか]
- 問いをたくさん創ることができる。
- それぞれの文章について、論の進め方など内容を捉えることができる。
- 二つの文章を読み比べて、共通点や相違点を見つけることができる。

これだけは身につけさせたい見方・考え方（思考力・判断力・表現力など）

- 物事を複数の視点から捉えていくことと、自分の知識や体験に照らしながら情報を判断・評価し、自らの考えを形成していくことができる。

[何をどのように評価するか]
- 物事を複数の視点から捉えていくことと、自分の知識や体験に照らしながら情報を判断・評価し、自らの考えを形成していくことができる。

これだけは身につけさせたい姿勢や態度（学びに向かう力・人間性など）

- 既習の知識を活用し、問いをたくさん創ろうとしている。
- 積極的に関わり、他者の良さに気付き、自らの考えを見つけようとしている。
- 自分の考えを伝えあったり、仲間の意見をしっかり聞いたりしている。
- 二つの文章を比較することを通して、共通点や相違点を見つけようとしている。
- 物事を複数の視点から捉えて、自分の知識や体験に照らしながら情報を判断・評価し、自らの考えを形成しようとしている。

[何をどのように評価するか]
- 問いをたくさん創ろうとしている。
- 積極的に他者に関わり、他者の良さに気付き、めなおもしろさの良いや、自らの考えを見つけようとしている。
- 比較して共通点や相違点を見つけようとしている。

何に気付いてほしいか？
どんな疑問を持ってもらいたいか？

[1時間目] 美しさについて比較することを通して、視野を広げることに気付いてほしい。・おいしいとは？美しいとは？深田恭子はなぜ美人とされているのか？・時代が変わって美人のとらえ方が違うのはなぜか？・同じ日本人なのに美しいと感じる差があるのはなぜか？・美しいとは？
[4時間目] 何から比較するのか、比較するには観点が必要なことに気付いてほしい。・何を比較する？・何のための比較？・比較するときの観点は？・比較するときのポイントは？・比較するための基準はどのようなものがあるの？・比較の観点は？

不思議のタネ
[1時間目] 画像を提示する
- オタフクの画像
- 深田恭子の画像
[4時間目] 比較する

指導計画

		知識・技能	見方・考え方	姿勢や態度
①	問いを創る授業 比較することで「美」「美しさ」について考える。			
2	「黄金の扇風機」を読んで筆者が日本人とエジプト人の美的感覚の違いをどう捉えているかを考える。			
3	「サハラ砂漠の茶会」を読んで遊牧民の男の子に受けつけているようなことを感じたことを捉える。			
④	問いを創る授業（本時）二つの文章を読んで筆者の考えや文章の進め方と文章の進め方の共通点や相違点を見つける。			
5	二つの文章を比較して美しさの違いや共通点を見つけ、論の進め方や表現についての共通点や相違点を捉える。			
6				
7				
8				
9	比較する			
10				

※問いを創る授業を行う時間に○をつける

国語科（1年）『問いを創る授業』実践例2

不思議のタネ
「彼※は冷淡に構え、依然僕をただ軽蔑的に見つめていた。」

単元名「自分を見つめる」『少年の日の思い出』　※彼とは、エーミールをさす。
（2時間目／6時間扱い）
教科書名『国語1』（光村図書）
本時の目標➡「エーミールの人物像にせまる」

【生徒の創った問い】

・「冷淡」、「軽蔑的」とはどういうことか。
・エーミールは「僕」のことをどう思っていたのか。
・エーミールはなぜ怒らなかったのか。
・エーミールは「僕」を本当に軽蔑していたのだろうか。
・「僕」はなぜそのように感じたのか。
・そもそもエーミールってどんな人なんだろうか。

【その後の授業展開】

　「そもそもエーミールという人物はどのような人物なのか」について考え、各自でノートに書きました。その後班で、エーミールの人物像について話し合い、各班の考えたエーミールの人物像を発表しました。まとめとして「エーミール」を語り手としたこの場面を書き換えました。

不思議のタネ
「最近スズメを見かけなくなった。」

単元名「スズメは本当に減っているか」
（1時間目／6時間扱い）
教科書名『新しい国語1』（東京書籍）
本時の目標➡「図表の関連やそこから読みとれる事実や考えと比較しながら自分の考えをもつ。」

【生徒の創った問い】

・筆者はスズメの何について説明したいのだろうか。
・スズメはどこか別の場所に行ったのか、反対に今まで見かけなかったけど見るようになった鳥はいるのか。
・スズメを最近見なくなった気がするけど、スズメは減っているのだろうか。
・スズメが減っているという証拠はあるのか。
・スズメが減っているとしたら何が原因か。
・スズメ以外の鳥や動物で減っているものはいるのか。

【その後の授業展開】

　単元を通した課題として、次に学ぶ「根拠を明確にして書こう」の書く領域単元に関連づけた「筆者の検証に賛否を示す意見文を書く」を設定しました。本文を読む前に、図表を提示し、この不思議のタネから生徒の挙げた問いを単元の導入としました。生徒の発した問いがそのまま読み取りの目的となり、図表の関連やそこから読み取れる事実や考え（推測や意見）と比較しながら、生徒は自分の考えをもつことができました。

国語科（３年）『問いを創る授業』実践例４

不思議のタネ

「恋するフォーチュンクッキー」（AKB48）と「初恋」
（村下孝蔵）と「初恋」（島崎藤村）を視聴する。
（歌詞の中で、七五調になっている部分をゴシック体にし
てあるプリントと「初恋」の詩を配付。）

単元名「日本語のしらべ　初恋」
（１時間目／１時間扱い）
教科書名『新しい国語３』（東京書籍）
本時の目標➡「表現上のポイントの一つとして『調子』があるこ
とを理解する。表現技法を手がかりに内容について考える。」

【生徒の創った問い】

・いつの時代も初恋は特別なのか。

・なぜこの曲を選んだのか。

・なぜこの曲を聴くのか。

・ゴシック体になっているのはなぜか。

・島崎の「初恋」は曲があるのか。

・歌なのでリズムがあるのではないか。

【その後の授業展開】

　「ゴシック体になっているのはなぜか。」という問いに絞り込み、提示した
歌詞と詩の三つを比較させました。ゴシック体の部分に着目した生徒から、
リズム感があるのではないかという意見を引き出した上で、五七調と七五調
について解説し、表現上のポイントの一つとして理解させました。

　表現上の大きなポイントとして調子があることを理解した後で、文語の表
現で難解な点を解説し、表現技法などを手掛かりにして内容について考えさ
せました。多少の差はあれど、互いに人を恋しく思うことや片思いに終わる
ことなど、恋をする気持ちは時代をこえて通じるものがあることを生徒は理
解することができ、朗読へとつなげることができました。

不思議のタネ
「東京都と千葉県の最低賃金」

単元名「人権と共生社会」
（５時間目／８時間扱い）
教科書名『新しい社会　公民』
（東京書籍）
本時の目標➡「基本的人権を保
障することの重要性について
自分たちの生活から理解す
る。」

東京都と千葉県の最低賃金（令和元年）

1013円

923円

TOKYO　CHIBA

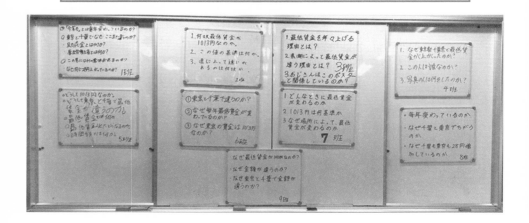

なぜ、この不思議のタネにしたのか？

　この章では、民主主義の基礎には個人の尊厳と人権の尊重という考え方が
あり、それが法によって保障されているということについて学びます。この
単元は、憲法の内容について学ぶ講義形式になりがちで、生徒が自分たちの
生活にどのように関わっているのかが、わかりにくい面がありました。アル
バイトについて考えることは、生徒にとって近い未来に関係することから、
この不思議のタネが、主体的な学びの動力につながると考えました。

📚 授業の流れ
1．導入（3分）

T：この資料を見てください。これがなんだかわかりますか？

S：アルバイトの募集の広告。見たことある〜。

T：そうですね。求人広告のモデルです。ところで、みなさんはアルバイトをしてみたいですか？

S：高校生になったらやりたい。ショップの店員!!

T：では、みなさんは給料で何をしたいですか？

S：趣味に使う！　好きな洋服を買う〜。う〜ん、やっぱり貯金かな。

💭 『問いを創る授業』を機能させるためのポイント

> 生徒が近い将来の自分の姿と重ねながら興味・関心をもって学習活動に取り組むことにつながるように、この話題を選択しました。

2．不思議のタネの提示（2分）

T：今回の授業では、私たちの生活について考えます。今日の不思議のタネは、「東京都と千葉県の最低賃金」です。

S：あ〜このポスター見たことある。この人知ってる!!

💭 『問いを創る授業』を機能させるためのポイント

> 実際のポスターを合わせて掲示することで、社会との接点を意識させるようにしました。

3．問いを創る（個人3分、グループ7分）

T：資料を見て疑問に思ったことを、ワークシートに書き出しましょう。どんなことでもいいので、できるだけたくさんの問いを創りましょう。

S：「何を基準に値段が上がっているのか。」「どうして東京都と千葉県では最低賃金が違うのか。」「最低賃金とは何か。」

T：それでは、創った問いをもとに、グループで問いをまとめましょう。司会者が中心となって、ホワイトボードに問いを書き出していきましょう。みんなが創った問いをパワーアップさせても構いません。

S：なるほど〜、確かにそういう問いは必要だよね。だとすると、この２つ
　　の問いは、聞きたいことは同じだから、１つにまとめられるね。

T：話し合いを進めて、グループで問いは最大３つまで考えてください。完成し
　　たらホワイトボードを貼りにきてください。他のグループから出てきた問
　　いから新しい発見があるかもしれないので、しっかりと見ておきましょう。

S：「なぜ、場所が違うだけで、最低賃金が変わってくるのか。」「最低賃金
　　が上がると人々の生活はどう変化するのか。」

『問いを創る授業』を機能させるためのポイント

　できるだけたくさんの問いを創ります。このとき、閉じた問い（Yes/No、
一言で答えられる問い）や開いた問い（多様な答えが出てくる問い）の区
別なくどんな問いでもよいということを強調します。自身が創り出した問
いがあることで、その後の授業への意欲が変わってきます。グループは４
人組を基本とし、役割分担を決めています。繰り返し実施することで、簡
単な指示のみで活動ができるようになりました。

４．問いを絞る：学習の方向性を考える（個人２分）

T：それでは、グループの問いを解決するためには、どのようなことを調査
　　していく必要があるでしょうか？　それぞれ考えてみましょう。

S：「最低賃金の金額設定の理由」「最低賃金を変える基準や理由」「東京都
　　と千葉県の生活について」「最低賃金が設定された理由」

『問いを創る授業』を機能させるためのポイント

　問いを解決するために必要なことを予め考えておくことで、生徒が学び
の方向性を主体的に調整することが可能になります。

５．問いを使う：問いの解決に向けた活動（23分）

T：それでは、最低賃金から自分たちの１ヵ月の生活を計算してみましょう。
　　条件は、１日８時間働いて、これを22日間続けたとします。

S：お〜結構な金額になるな〜。これなら遊んで暮らせそうだな〜。

T：次に、この金額をから、１ヵ月の生活をシミュレーションしましょう。
　　家賃や光熱費、税金などはこのくらい必要です。

S：え〜全然残らないじゃ〜ん。これって家族はどうするの？　家賃の安い
　　ところに引っ越すのはありですか？

💭。『問いを創る授業』を機能させるためのポイント

　実際のグループワークから社会権について考える下地を作ります。

６．まとめ（ふりかえり）（10分）

T：実際に最低賃金から生活を考えてみましたが、どうでしたか？

S：ギリギリ生活できる金額だった。もし、これ以上賃金が低かったら生活
　　していけなそう。

T：それでは、今日行った活動をもとに、グループで考えた問いの答えをま
　　とめましょう。解決するために不足している情報は、タブレットや教科
　　書を使って構いません。（追加資料：東京都と千葉県家賃の違い）

S：「最低賃金は、働いた給料でみんなが生活していけるように決められて
　　いる。生活に必要なお金は、地域によって異なるから、地域ごとに最低
　　賃金が違う。物価が変わると最低賃金も変わるのだろうか。」

T：実は、今日学習してきた内容は、日本国憲法の第25条の内容に基づい
　　て決められています。

S：最低限度の生活を守るために、最低賃金が決められているんだな〜。

T：それでは、学習した内容について、自分の言葉でまとめてみましょう。

S：「国民の最低限度の生活を守るために、最低賃金が定められている。国
　　民の生活を支えるための決まりがあることがわかった。住む場所や時代
　　によって、最低限度の生活は変わるので、どうやったら本当に公平な仕
　　組みができるのかと考えさせられた。」

🔍 編者の視点 🔍

　講義形式になりがちの憲法の内容を、ものの見事に主体的な学びへと導
いた授業でした。日頃から、生徒が何に興味関心があるのか、どのような
不思議のタネや資料を提示すると、自分事として真剣に考えはじめるのか
そのツボを熟知した先生だからこその流れでした。うまい先生に学ぶこと
で、ぜひ、自らの実践につなげてみてはいかがでしょう。　　　　（鹿嶋）

単元名：人権と共生社会

単元の目標
・民主政治の基本となる考え方について理解できるようにするために、民主社会においてすべての人間を保障されるべき価値を内容としてもつ基本的人権を中心に深めることができるようにする。
・日本国憲法の基本的原則である基本的人権の尊重について理解する。
・現代社会に見られる課題の解決を視野に主体的に社会に関わる。

これだけは身につけさせたい知識・技能（生きて働く知識・技能の習得）
・基本的人権に関する問いについて、適切な知識や資料に基づき説明することができる。それまでの学習で身に付けた知識に基づき、問いの質を向上させる。（授業1〜7）

[何をどのように評価するか]
・問いを解決するにあたり、必要な知識（語句やその意味）や資料などを十分に活用できているか。（ワークシート）

これだけは身につけさせたい見方・考え方など（思考力・判断力・表現力など）
・基本的人権の保障について、実際の社会での出来事と合わせて、自分の言葉で表現することができる。（授業1〜7）
・政治権力と基本的人権を保障について、自らの政治参加と結び付けて、思考を深め、表現することができる。（授業6〜8）

[何をどのように評価するか]
・自分達で創った問いの答えに基づいて、授業内で学習した内容についてまとめることができる。（ワークシート）

これだけは身につけさせたい姿勢や態度（学びに向かう力・人間性など）
・人間の尊重の考え方について、それぞれの授業で行った学習活動に基づき、自分の意見をもつことができる。
・基本的人権の尊重について、知識・技能、見方・考え方を活かして、自分の考えを捉えることができる。

何に気づいてほしいか？どんな疑問を持ってもらいたいか？
・なぜ、基本的人権を守るために日本国憲法が大切なのか？（授業1）
・なぜ、昔は基本的人権が守られていなかったのか？（授業2）
・日本国憲法が人権を保障している対象は誰なのか？（授業3・4）
・なぜ、法律によって最低賃金が定められているのか？（授業5）
・なぜ、政治参加が基本的人権を保障することに結びつくのか？（授業6）
・なぜ、基本的人権が相手の人権を制限してしまうのか？（授業7）

指導計画

①	基本的人権と個人の尊重
②	人権の歴史と憲法
③	平等権
④	自由権
⑤	社会権
⑥	人権を確実に保障するための権利
⑦	「公共の福祉」と国民の義務
⑧	単元の振り返り
⑨	
⑩	

不思議のタネ
東京都と千葉県の最低賃金（令和元年）
1013円　923円
TOKYO　CHIBA

※問いを創る授業を行う時間に○をつける

社会科（１年）『問いを創る授業』実践例２

不思議のタネ
「参勤交代がなかったら江戸時代は
こんなに長く続かなかった。」

単元名「幕藩体制の確立と鎖国」
（２時間目／５時間扱い）
教科書名『中学社会　歴史』（教育出版）
本時の目標➡「参勤交代を通して、幕府の政治の特色について考えるとともに、幕府と藩による支配が確立したことを理解する。」

【生徒の創った問い】

・参勤交代のどこがよかったの？

・長いってどのくらい？

・もしも参勤交代がなかったらどうなってたの？

・他の時代とくらべてどのくらい長いの？

・参勤交代はどんな役割を果たしたの？

【その後の授業展開】

　不思議のタネで問いを創ったことにより、生徒たちは参勤交代という制度がどういう制度だったのかについて興味をもち、調べてみたいという意欲が高まりました。さらに、参勤交代の波及効果として五街道や宿場町が栄えたことや江戸から遠く離れた地方の藩の負担がいかに大きかったのかを想像していました。そして、このことから徳川幕府が大名に対して行った政策を知り、強大な力をもつようになった背景について考えました。

社会科（1年）『問いを創る授業』実践例3

不思議のタネ

（『歴史資料集』（新学社）を参考に作成）

単元名「人類の出現と広がり」
（1時間目／4時間扱い）
教科書名『新しい社会　歴史』（東京書籍）
**本時の目標➡「人類はどのように進化し、どのように生活をして
いたのかを理解する。」**

【生徒の創った問い】

・何の動物？

・進化のどの段階でサルがヒトになったの？

・サルと人間の違いは？

・なぜ、サルから人間になったのだろう？

・どこまでがサルでどこからが人間？

・なぜ、足で歩けるようになったのだろう？

【その後の授業展開】

　生徒の創った問いの中から本時の目標につながる問いを1つ選び、その問いをもとに教科書や資料集を使い、授業を進めました。このときは、さまざまな問いが出て、授業から外れるものもあったため、授業に沿う問いを教師が選びました。中心となる問いを「どこまでがサルでどこからが人間？」とし、サル（人類の祖先）と現代人までを比較し、サル（人類の祖先）と人間の違いについて考えさせました。

68

社会科（３年）『問いを創る授業』実践例４

不思議のタネ
「194 カ国中、戦争や内戦をしている国は 45 カ国ある。」

単元名「終わらない地域紛争」
（１時間目／７時間扱い）
教科書名『中学社会　公民』
（教育出版）
本時の目標➡「国際社会問
題に対して、自分の考えを
もち、グループを通じて深
めていく。」

（『ワイド版公民資料2020』（新学社）を参考に作成）

【生徒の創った問い】

・なぜ、戦争や内戦をするの？　・戦争をする目的は？

・どんな人がしているの？　・戦争をしてよいことあるの？

・何をきっかけに紛争が起こるの？　・紛争によってどうなるの？

・どうしてこんなに多くの国が戦争をしているの？

【その後の授業展開】

　生徒が創った問いから以下の１つを選び、既存知識から自分の考えをもた
せ、全体で共有しました。

Q1：なぜ、戦争や内戦をするの？

（生徒の考え）・政府の政策に不満がある　・意見の違い→宗教の違いも原因
・民族紛争　・権力争い

　その後、教師から以下の問いを提示しました。

Q2：戦争や内戦に対して、日本はどのような支援の仕方がある？

（生徒の解答）・自衛隊は戦えないので、食料・衣類を送る　・お金を送る
（ユニセフ募金）　・武器を送る

　Q2に対してグループで意見を出し合い、各グループでまとめたことを全
体で共有しました。生徒の解答の正誤については、今後の授業から今回のグ
ループでの考えが正しかったのかを学習していきました。

不思議のタネ
「大縄跳び 40 回の記録」

単元名「資料の活用」
（1時間目／10時間扱い）
教科書名『数学1』（学校図書）
本時の目標➡「身近なこと
を解決するために手元にあ
る資料をもとに問いをもつ。
資料を活用して問いを解決
しようとする。」

2列

13	18	21	19	22	22
28	24	22	25	23	28
33	26	25	26	29	36
27	28	20	22	30	21
27	30	29	24	28	25
24	26	25	16	25	
26	31	34	27	34	

3列

16	20	19	8	28	14
30	18	18	37	20	25
23	24	25	41	26	17
14	26	34	12	28	29
22	43	34	21	31	11
8	24	26	33	38	
26	33	30	17	38	

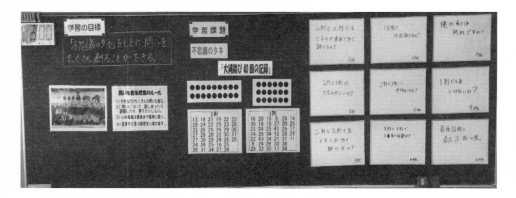

🤔🤔 なぜ、この不思議のタネにしたのか？

　この章では、資料全体の特徴を調べたり伝えたりするための代表値である
平均値・中央値（メジアン）・最頻値（モード）、2つの資料の傾向の違いを
調べるために、資料の散らばりの程度を表す範囲（レンジ）について学びま
す。また、資料の分布の様子をわかりやすくするために度数分布表に整理し、
それを基にしてヒストグラムや度数折れ線をかき、資料の傾向を読み取る学
習もします。そして、2つの資料の傾向を捉えるために相対度数について学
びます。この不思議のタネは、これらの学習内容を生徒が問いとして創り出
すことが可能であると考えました。

📖 授業の流れ

1．導入（3分）

T：この写真をみてください。

S：あー。○○くんだ。運動会の写真だね。

T：本校では、毎年、体育大会で大縄跳び
　　をしています。

S：えー。じゃあ、来年もあるの？

T：そうです。来年もあります。

S：○○くんまた出るの？　わからない〜。一緒に出ようよー。

☁️ 『問いを創る授業』を機能させるポイント

　生徒の興味・関心を高めるために、その年の体育大会の実際の写真を使いました。また、意欲的に考えさせるために、来年もあることを伝えました。

2．不思議のタネの提示（3分）

T：今日は問いを創る授業をします。では、今日の不思議のタネは「2列と
　　3列で大縄跳びを40回行ったときの記録」です。

S：えー。40回もやったの〜。

T：そうです。これが40回の記録ね。2列の場合は1回目が13回で、2
　　回目が28回ね。3列の場合は……ということです。

☁️ 『問いを創る授業』を機能させるポイント

　言葉と40回の記録表だけでなく、2列と3列の並び方の図を示すことで、状況をよりイメージしやすいようにしました。

3．問いを創る（10分）

T：疑問に思ったことを付箋に書き、問いを創りましょう。疑問に思ったこ
　　となら何でもいいですよ。

S：「2列と3列のどちらが連続で多く跳べるの？」「どちらがいいの？」「平
　　均はいくら？」「1分間で何回跳べるの？」「縄の長さは何m？」「最高
　　回数と最低回数の差は？」「2列と3列の結果で一番多い回数は？」「1
　　列ではいけないの？」

☁ 『問いを創る授業』を機能させるポイント

　創った問いを付箋紙１枚に１つずつに書かせることで、１人１人の創った問いの数や量が一見でわかります。付箋の枚数が増えることで、たくさんの問いを創ることができたことへの満足感や達成感が高まり、その後の授業への意欲につなげることができます。

４．問いを絞る（25分）

T：創った問いを班で発表します。班用のワークシートを配布するので机の中央に置きましょう。創った問いは声を出して発表し合いながら付箋をそのシートに貼りましょう。同じ問いは重ねて貼ってもよいです。進行係を決めてからやりましょう。

S：「３分間で何回跳べるかにすればよいと思う。」これは、意見だから問いにしたほうがいいよね。

T：発表は終わりましたか？ 次に班で出た問いの中から、とても知りたいと思う問いを１つ選びましょう。

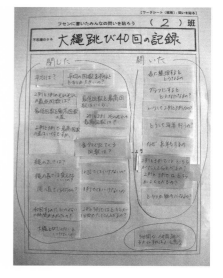

S：この問いはちょっとね～。

S：問いについての評価はなしね。

S：先生～。２つではいけないのですか？

T：どうしても絞りきれなかったら２つでもいいですよ。

T：絞れた班はホワイトボードを前に取りにきてください。絞った問いをホワイトボードに書いて黒板に貼りましょう。

T：各班からいろいろな問いが出ましたが、この中で一番解決したい問いはどれですか。

S：「２列と３列ではどちらがよいのか。」がいいです。

『問いを創る授業』を機能させるポイント

　「問いを創る授業のルール※」を問いづくりの最初で示し確認しておくことで、生徒はルールに忠実に従い班活動を進めていきます。

※1）できるだけたくさん問いを創る。2）問いについて、話し合ったり、評価したり、答えたりしない。3）人の発表は最後まで真剣に聴く。4）意見や主張は疑問文に書き直す。

5．問いを使う（4分）

T：今日はたくさんの問いを創ることができましたね。これらの問いは、次の時間からこの章の学習内容を進めていく中で、求め方などがわかり、どんどん解決することができるようになります。

T：この章の終わりにもう一度今日の課題について取り上げようと思います。そのときに、みなさんが一番解決したい問いの答えが見つかるといいですね。

『問いを創る授業』を機能させるポイント

　単元の最後に、この学習課題について2時間扱いで取り上げました。1時間目は資料を整理する時間、2時間目はそれらを根拠として各班で分析・判断し全体で説明する時間としました。いよいよ一番知りたい問いが解決できるわけですから、生徒は生き生きと主体的に学習活動を進めていくことができます。

6．まとめ（ふりかえり）（5分）

T：今日の授業をふりかえって、感じたことや学んだことを書きましょう。

S：「1つのことについていろいろな見方があると思いました。自分だけの意見ではなく、友達の意見と比較することで考えが広がります。みんなから出た問いを自分で解決できるようになりたいです。」

🔍 編者の視点 🔍

　学級対抗の大縄跳びで優勝することは、生徒にはとても関心の高いことです。2列、3列の並び方での跳んだ回数を示すことで、並び方の違いで跳べる回数に差が出る可能性を示唆しています。そして、単元の最後は、学んだことを生かして、自分たちの身近な問題を解決するという小さな探究学習として単元が構成されています。　　　　　　　　　　　　　（石黒）

単元名：資料の活用

単元の目標

身近な問題を解決するために、目的に応じて必要なデータを収集して表やグラフに整理し、代表値に着目し、資料の散らばりや傾向を読み取って判断するとともに、その妥当性について批判的に考察し説明できるようにする。
ア　ヒストグラムや代表値の必要性と意味を理解する。
イ　資料の傾向を読み取り、代表値を用いてとらえ説明する。

これだけは身につけさせたい知識・技能（生きて働く知識・技能の習得）

・昨年の体育大会の大縄跳びの写真と「不思議のタネ」を見て、小学校算数科での既得の知識をもとに、疑問をどんどんあげることができる。（問いを創る授業①）
・問題を解決するために、2種類の並び方で跳んだ回数の記録を用いて代表値を求めたり、度数分布表やヒストグラムを作成したり、相対度数などを求めたりして、それらをワークシートに整理することができる。（問いを創る授業②）

【何をどのように評価するか】
・既得の知識をもとに、問いをたくさん創ることができたか。（ワークシート）
・代表値、度数分布表とヒストグラム、相対度数などを、整理することができたか。（ワークシート）

これだけは身につけさせたい見方・考え方など（思考力・判断力・表現力など）

・小学校算数科の既得の知識を使って、問いを考えることができる。（問いを創る授業①）
・選手が2列に並んで跳ぶのと、3列に並んで跳ぶのとでは、どちらがより多くの回数を連続して跳ぶと見込めるかについて考察し、説明できる。（問いを創る授業③）
・「どちらの並び方が多く跳んでいるといえるのか」について批判的に考察し判断する。（問いを創る授業③）

【何をどのように評価するか】
・問いを考えることができる。（ワークシート）
・問いの傾向を読み取ることができる。（ワークシート）
・資料の傾向を読み取り、とらえ説明することができる。（発言・ワークシート）

これだけは身につけさせたい姿勢や態度（学びに向かう力や人間性など）

・来年度の体育大会でよい結果を出すために探究している。（問いを創る授業①②③）
・積極的に関わり、他者の良さに気付き、自らの考えを見つめなおしたり改善したりしようとする。（問いを創る授業②③）
・問題解決のために資料を取集・整理し、仲間の意見をしっかり聞いたり合ったり、仲間の意見をしっかり聞いたり（問いを創る授業②③）
・課題解決のための検討過程において、よりよい解決や結論を見いだそうとしている。（問いを創る授業③）

【何をどのように評価するか】
・主体的に学習課題に取り組もうとしている。（観察・発言・振り返り）
・自分の考えを伝えたり、仲間の意見をしっかり聞いたりしている。（発言・観察）
・他者の良さに気付き、改善したり、自らの考えを見つめなおしたりしている。（観察・発言・振り返り）

何に気づいてほしいか？　どんな疑問を持ってほしいか？
・2列と3列では、どちらがよく跳べるの？
・2列と3列の平均はどうなるの？
・跳んだ回数の最低回数と最高回数はいくつ？
・2列と3列の結果で一番たくさん出てくる回数は？
・表やグラフにするとどうなるの？

不思議のタネ

【大縄跳び40回の記録】

2列						3列					
13	18	21	19	22	22	16	19	20	8	28	14
28	24	25	25	29	36	30	18	37	20	26	25
33	26	25	30	26	25	23	28	41	26	29	17
27	30	29	24	28		14	26	34	12	28	29
26	31	34	27	34		8	22	43	24	31	11
						26	33	30	17	38	

指導計画

		これだけは身につけさせたい知識・技能	これだけは身につけさせたい見方・考え方など	これだけは身につけさせたい姿勢や態度
①	問いを創る授業① 課題発見			
②	代表値			
③	資料の範囲、度数分布表			
④	ヒストグラム			
⑤	相対度数			
⑥	累積度数と累積相対度数			
⑦	資料の傾向の読み取り方①			
⑧	資料の傾向の読み取り方②			
⑨	問いを創る授業② 課題解決準備（資料の整理）			
⑩	問いを創る授業③（分析・結論）			

※問いを創る授業を行う時間に◯をつける

数学科（1年）『問いを創る授業』実践例2

不思議のタネ

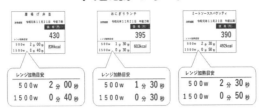

単元名「比例と反比例」
（14時間目／16時間扱い）
教科書名『数学1』（学校図書）
本時の目標➡「出力（W）と時間（秒）の関係から、お弁当を温める適切な時間を求めることができる。」

【生徒の創った問い】

・wって何？

・w数が大きいほど温める時間が短くなるのはなぜ？

・500wのときの温める時間と1500wのときの温める時間は異なるが、何か関係性があるの？

・弁当の種類によって温める時間が異なるが、何か関係性があるの？

・出力（w）と時間（秒）にはどのような関係があるの？

【その後の授業展開】

　不思議のタネを提示し、出力（w）と時間（秒）の関係性に注目させました。さらに、「600wの場合、温める時間はどうなるか。」という条件を追加し、絞られた問い＝本時の課題を創りました。課題を解決するために、表、式、グラフなどの既習事項を関連づけて解決方法を考え、ペアやグループの中で考えを整理しました。最後にグループ毎に説明を行い、具体的な事象を関数を用いて解決することのよさを全体で共有しました。

不思議のタネ
「チケットは 11 枚あるから、 7 回乗りたいね。」

いろいろなアトラクションと必要なチケット数が掲載されている遊園地のパンフレットを掲示する。（※乗り物はチケットが２枚で乗れるものと、１枚で乗れるものがある。）

単元名「連立方程式」（１時間目／ 11 時間扱い）
教科書名『数学２』（学校図書）
本時の目標➡「わからない数量が２つあるときの解決方法を考えることができる。」

【生徒の創った問い】

・どれくらいこの遊園地にいるの？

・１つのアトラクションは何分ぐらいかかるの？

・同じアトラクションに何回乗ってもいいの？

・チケットは全部使い切らないといけないの？

・２枚の乗り物と１枚の乗り物にそれぞれ何回ずつ乗れるの？

【その後の授業展開】

　クラス全体で問いを共有し、問いを絞り、今日の課題を設定します。

・わかっていることは、チケットは11枚持っていて、乗り物には７回乗る。

・７回乗り物に乗ったら、チケットをちょうど使い切る。

・知りたいことは、チケット２枚の乗り物と１枚の乗り物にそれぞれ何回ずつ乗ることができるのかということを確認する。

　「わからない（知りたい）数量が２つあるときの解決方法を考えることができる。」を今日の目標とし、わからない数量が２つあっても１次方程式と同様に、それぞれを文字で表し、わかっている数量をもとに数式を作ることができることに気づかせます。

数学科（３年）『問いを創る授業』実践例４

不思議のタネ
「大小２つのカップラーメンの写真（イラスト）」

単元名「相似な図形」
（１時間目／18時間扱い）
教科書名『数学３』（学校図書）
本時の目標➡「身のまわりにあるものを
図形とみなして、その図形のある点を中
心に拡大する方法や拡大してできる図形の特徴を理解する。」

【生徒の創った問い】

・容器の中の容積はどのような比になっているのか。
・２つのカップ麺の容器の表面積はどのような関係があるのか。
・どのくらい量（内容量）が違うのか。
・普通サイズとBIGサイズの値段の差はどれくらいか。
・２つのカップ麺の底面の面積は同じなのか。
・かやく（具材）の量はどのくらい増えているのか。
・どちらを買うのがお得なのか。

【その後の授業展開】

　生徒の問いをもとに、教科書通りに授業展開をしました。また、生徒の問いが豊富だったため、毎時間の目標（めあて）にそれらの問いをもとに設定することができました。実際の商品かつ身近なものであるため、生徒が考えやすく実社会で数学的な活用ができるよい題材でした。しかし、カップラーメンの表面積や体積を実際に測り求めさせましたが、その点は生徒にとっては非常に困難でした。

不思議のタネ
『月の写真（「満ち欠け」と「月食」）』

単元名「月と惑星の見え方（地球と宇宙）」
（3時間目／6時間扱い）
教科書名『新しい科学3』（東京書籍）
本時の目標➡「月の満ち欠けと月食を
比較し、影の違いをもとに、月、地球、
太陽の位置関係を俯瞰的に捉え、月の
公転と見え方を関連づけて理解することができるようにする。」

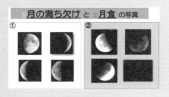

月の満ち欠け と 月食 の写真

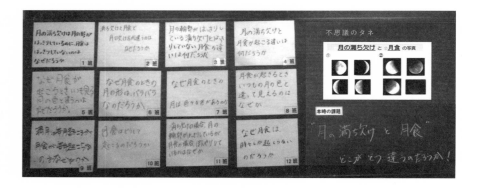

🔍🔍 なぜ、この不思議のタネにしたのか？

　普段何気なく見ることの多い「月の満ち欠け」。一方、「月食」は、ニュースでも取り上げられる現象です。身近な天体である月を題材に、月の満ち欠けと月食のときにできる影を比較することで、影の形の違いに気づかせ、地球から見える月の形から、月と地球と太陽の位置関係を俯瞰的に考えさせたいと思いました。日頃から月を眺める生徒は多くいると思うので、とくに実際に地球から見える月の形から、視点を変えても正しく思考できる生徒を増やし、身近な天体現象に興味・関心をもたせたいと思いました。そこで、「月の満ち欠けと月食で月の見え方が違うのはなぜだろうか。」という問いを引き出し、見え方の違いが何の違いから起こるのかを考えさせました。

📖 授業の流れ
１．導入（５分）

T：中学校のグランドから写した月の写真です。

S：どうして昼間、月が見えるの？

T：どうして昼間に月が見えたか、誰か説明し
　　てくれますか？

S：月は地球からの距離が近いから、とても明るく見えるからです。

T：今の意見に補足することや他に考えられる理由などありますか？

S：普段は空の色と月の色がかぶって見えにくいけど、空気が澄んだ日は、
　　空が青く、白っぽく見える月が見えやすいからです。

💭『問いを創る授業』を機能させるポイント

> 　月が「太陽の光を反射して光って見える」という前時の授業内容からつ
> ながる身近な現象を導入にしました。

２．不思議のタネの提示（２分）

T：これらは、月の満ち欠けと月食のとき
　　の写真です。

S：月食？　最近いつ、月食が見れたか
　　なぁ？

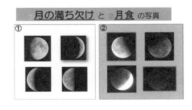

💭『問いを創る授業』を機能させるポイント

> 　比較する月の写真（「満ち欠け」と「月食」）を複数枚用意することで、
> 影の違いを明確に意識させました。

３．問いを創る（自分で考える時間５分、班での協議５分）

T：これらの写真を見て、「これは何？」、「なんで？」、など、自分の中に疑
　　問が湧いたり不思議に思ったりした問いを「探究ワークシート」（付録
　　184 頁参照）に書いてみましょう！

S：「月食と日食の違いは何だろうか。」「満ち欠けと月食で月の欠け方が違
　　うのはなぜだろうか。」「月食はどうして起こるのだろうか。」「月食はな
　　ぜ、時々しか起こらないのだろうか。」「月の満ち欠けと月食の違いは何

だろうか。」「見える部分と影との境目が、満ち欠けの場合はっきりして
いるけど、月食はぼんやりと見えるのはなぜだろうか。」

☁ 『問いを創る授業』を機能させるポイント

　提示された写真を見て、自分が知りたいと思う「問い」を２つ以上創る
ことを生徒に課しました。「不思議のタネ（写真）」は班で交流するときに
使えるので、拡大し各班に配付しました。

４．問いを絞る（10 分）

T：班の人たちに、自分の書いた問いを伝えて下さい。その中からとても知
　　りたいと思う「問い」を１つ選び、黒板に貼って下さい。

S：（班で伝え合ったあと、A3 コピー用紙に書き、黒板に貼る。）

T：この時間に解決させたい「問
　　い」を１つ選びたいと思いま
　　す。また、各班から出された
　　ものを見ながら、新たな「問
　　い」を創っても構いません。その場合、ここに出ている疑問をできるだ
　　け多く解決できるような「問い」を考えて、発表して下さい。

S：「月の満ち欠けと月食では、どこがどう違うのだろうか。」にしたいです。
　　理由は、影の違いなど、ここに出ている多くの疑問の解決になっていく
　　と考えました。

☁ 『問いを創る授業』を機能させるポイント

　班編成は、発言しやすく短時間で行える３～４人としました。「問い」
を創るルールで大事にしているのは、発言は最後までしっかり聴くこと。
また、クラスで１つに絞る場面では、１人１人が知りたいことを知るため
の問いになっているかをあらためて考えさせ、多くの知りたいことが解決
できるであろう「問い」を全体の場で創っていきました。

５．問いを使う（自分で考える時間５分、班での協議８分）

T：いま１つに絞った問いについて、ワークシートに図（月の満ち欠けと月食
　　の見え方の違いを表す図）を描き、自分の言葉で説明していきましょう！

S：（各班に分かれる）

T：では、１人ずつ「問い」を解決して下さい。班の考えは、各班用のホワイトボードに記入してください。（１人ずつ発表⇒考えに対して質疑応答⇒各班で結論を導き出す。）

☁『問いを創る授業』を機能させるポイント

> ホワイトボード〔授業がはじまる前までに、通称「発表ボックス」を机の上に置いておく。箱には、３色マーカー（黒、赤、青）、ホワイトボード用イレーザー、ホワイトボード等が入っている〕には、図のみを記入させました。１人１人の考えをすべて言い終えてから協議です。お互いの意見を聞きながら新たな視点が生まれました。図を書き加えたり書き直したり、言い回しを変えたり、この作業により、お互いの考えを深めていくことができます。

6．まとめ（ふりかえり）（10分）

T：（発表者は前に出て、ホワイトボードを使って説明）自分の班と比較しながら、自分が「考えたこと」、「わかったこと」は、ワークシートに書き残していきましょう。

S：「満ち欠けは、月が地球の周りを公転しており地球から見ると太陽の光を反射して光って見える部分が日々変化しているから。月食は太陽、地球、月が一直線に並んだとき、太陽の光が地球によってさえぎられ、月が地球の影に全体または一部が入ることで起こります。」

T：それでは、この映像[1]を見てみましょう。今日の学習のふりかえりです。

🔍編者の視点🔍

> 普段何気なく見ていた「月の満ち欠け」や「月食」でも、２つの現象を写真にして並べてみるとその違いが気になるものです。これを不思議のタネとして提示することで、これまで「何気なく見ていたもの」からあらためて「じっくりと観察してみる」へ、自然とシフトしていきました。理科嫌いや苦手意識のある生徒でも自我関与しやすい授業展開でした。（鹿嶋）

＊１）国立天文台（NAOJ）HP「月食とは（ショートバージョン）」（https://www.youtube.com/embed/qq8I-Ri47Hs）

単元名：月と惑星の見え方

単元の目標

月が約1ヵ月周期で満ち欠けし、同じ時刻に見える月が毎日移り変わっていくことを、月が地球の周りを公転していることと関連付けて理解する。また、日食と月食のしくみを理解する。
金星の見かけの形と大きさの変化を、金星が地球の内側の軌道を公転していることと関連付けて理解する。

これだけは身につけさせたい知識・技能（生きて働く〈知識・技能の習得〉）	これだけは身につけさせたい姿勢や態度（学びに向かう力・人間性など）
・既習の知識や生活経験をもとに、たくさんの問いを創ること。 ・満月、三日月といった月の名前から、毎日月の形が見える位置が変わっていくこと、月が満ち欠けを繰り返す月の形はなぜか、その原因が太陽、地球、月の位置関係によるものであること。 ・月食は、太陽と地球と月が一直線に並んだとき、月にあたる太陽の光が地球によってさえぎられるとき欠けて見える現象であること。また、すべてさえぎられるとき皆既月食というこ。	・既習の知識や生活経験をもとに、たくさんの問いを創ること。 ・月の満ち欠けや月食について興味・関心をもち、その違いについて、自分なりの方法で解決しようとすること。 ・班での話し合いでは、自らの役割をもち、他者の良さに気づき、積極的に関わりをもとうとすること。 ・自分の考えを伝えあったり、仲間の意見をしっかり聞いたりすること。 ・当初の自分の考えと他の人（他の班）の考えとを比較しながら、気づいたこと、わかったことを書き加えようとすること。

指導計画

		これだけは身につけさせたい知識・技能（生きて働く〈知識・技能の習得〉）	これだけは身につけさせたい見方・考え方など（思考力・判断力・表現力など）	これだけは身につけさせたい姿勢や態度（学びに向かう力・人間性など）
1	月の満ち欠けについて①（満ち欠けする様子を確認）			
2	月の満ち欠けについて②（満ち欠けするしくみを考察）			
③	問いを創る授業（満ち欠けと月食の違いを比較、しくみを考察）			何に気づいてほしいか？どんな疑問を持ってもらいたいか？ ・月の満ち欠けと月食のときに違いがあるのはなぜか？ ・月食は、なぜ時々しか起きないのだろうか？ ・月の満ち欠けと月食が起こるしくみには何がちがうのだろうか？ ・全体的に月食のほうが、暗く感じるのはなぜか？ ・月の満ち欠けは影を感じるけど、月食はぼんやりして見えるのは何が違うからだろうか？
4	日食と月食（太陽、月、地球の位置関係から考察）			
5	金星の見え方（金星の満ち欠けを考察）			
6	内惑星と外惑星について（見え方の違いを考察）			
7				
8				
9				
10				

【何をどのように評価するか】（知識・技能）
・月が満ち欠けすることや、月食が起こるしくみについてを自分の言葉で説明できる。（ワークシートで評価）

これだけは身につけさせたい見方・考え方など（思考力・判断力・表現力など）
・地球から見る月の形から、その規則性に気づくとともに、自分の考えを表現することができる。
・地球から見る月の形から、太陽、地球、月の位置関係について図に描き表すことができる。

【何をどのように評価するか】
・多様な考え方ができる。（ワークシート、行動観察で評価）
・月の満ち欠けと月食の違いを表し、地球・月・位置関係から図に描き表し、説明することができる。（ワークシートで評価）

何に気づいてほしいか？どんな疑問を持ってもらいたいか？

【何をどのように評価するか】（姿勢や態度）
・自分なりの方法で課題を解決しようとしている。（行動観察）
・積極的に他者に関わり、他者の良さを見つめなおしたり改善しようとする。（ワークシートで評価）

不思議のタネ

①「月の満ち欠け」と②「月食」の質

※問いを創る授業を行う時間に○をつける

理科（１年）『問いを創る授業』実践例２

不思議のタネ
「音の正体は振動である。」

単元名「音の性質」
（１時間目／４時間扱い）
教科書名『理科の世界１』（大日本図書）
本時の目標➡「身近な事物・現象についての観察・実験を通して、音の伝わり方について理解し、科学的な見方や考え方を養う。」

【生徒の創った問い】

・なぜ音と振動が関係しているのか。

・なぜ振動で音がでるのか。

・振動なのになぜ耳に伝わるのか。

・どうしたら振動が起こるのだろうか。

・何が振動するのだろうか。

・どのように振動するのか。

・聞こえてくる音はすべて振動なのか。

・振動とは何か。

・なぜ振動が正体なのか。

【その後の授業展開】

　単元の導入として、不思議のタネを提示し、問いを創りました。各自で問いを考えた後、各班で絞り、出た問いの中から、解決したい問いをクラスで１つに絞りました。そして、解決するための実験を考え、振動であることを確かめるために、糸電話や音さの実験を行って、音の正体が振動であることをまとめ、自分の言葉で思考し、表現しました。

　また、音さやモノコードの実験を通して、音の大きさや高さのしくみについて調べながら、音の性質についてまとめて、定着を図りました。

不思議のタネ
「下記の２つの演示実験」
１．火のついたろうそくを二酸化炭素中に入れる。
（→火は消える）
２．火のついたマグネシウムを二酸化炭素中に入れる。
（→激しく燃える）

単元名「酸素がかかわる化学変化」
（５時間目／５時間扱い）
教科書名『新しい科学２』（東京書籍）
本時の目標➡「酸化や還元の実験を行い、酸化や還元は酸素が関係する反応であることを見いだして理解すること。」

【生徒の創った問い】

・マグネシウムが二酸化炭素の中で燃焼したのはなぜだろうか。

・燃えた後に残った白い物質は何か。

・反応後の白い物質に付着した黒い物質は何か。

・化学反応式で表すとどうなるのか。

・マグネシウムのほうがろうそくよりも激しく燃えたのはなぜか。

【その後の授業展開】

　演示実験をやって見せることを不思議のタネにしたことで、ほとんどすべての班が、「マグネシウムがなぜ二酸化炭素中で激しく燃えるのか」について疑問をもちました。その理由を早く知りたいがため化学反応式や分子のモデルを用いて表すことに、意欲的に取り組むことができました。

　ただし、反応後にできた物質（白色の物質に付着している黒色の物質）については、全員に見えるよう提示するのが難しく感じました。今回の問いを創る授業の実践により、これまで経験したことのない事象を前に、自分の意見を述べたり周囲の意見を聞いたりする課題解決学習が、より深まったと感じました。

理科（1 年）『問いを創る授業』実践例 4

不思議のタネ
「微生物はどこにでもいる。」

単元名「植物の世界」
（1 時間目／ 4 時間扱い）
教科書名『新しい科学 1』（東京書籍）
本時の目標➡「いろいろな生物が、さまざまな場所で環境と関わりながら生活していることに気づかせ、生物とそれを調べることに対する興味・関心を喚起する。」

【生徒の創った問い】

・微生物って何？

・ほんとうにどこにでもいるの？

・どうやって確認するの？

・顕微鏡でも見えないくらい小さい生物もいるの？

【その後の授業展開】

　「微生物ってそもそも何？」という問いから「どんな構造をしているの？」、「どのようなものをエサに育っているの？」など、観察や実験についての問いが出てきました。

　このような根本的な問いからはじまり、観察・実験についての「問いの広がり」（生徒が創った 1 つの問いから、ほかの問いがどんどんできていった）が見られ、生徒が主体的に課題を解決しようとする姿勢が見られました。

音楽科（１年）『問いを創る授業』実践例１

不思議のタネ 「ブルタバ」のテーマは チェコ民謡「穴から子猫が」 がもとになっている。

単元名「音楽の特徴を感じ取り情景を想像して聴こう」
（２時間目／３時間扱い）
教科書名『音楽のおくりもの』（教育出版）
本時の目標➡「調、強弱、速度の変化から、作曲家の思いや意図を読み取ることができる。」

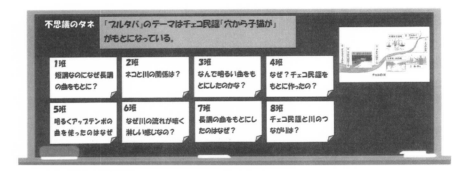

🔎 なぜ、この不思議のタネにしたのか？

　鑑賞活動で求められるのは、感じたことの根拠を書いたり、伝えたりすることです。「なぜ？」「どうして？」という思いをうまく導き出し、音楽の要素を聴き取りながら「なるほど！　だからこの音楽を作曲したんだな。」と納得できるような授業を組み立てることが大事だと考えました。祖国の独立を願って作曲したスメタナの思いを知ることにより、興味をもって鑑賞して欲しいとの願いを込めて、この不思議のタネにしました。

86

📚 授業の流れ
１．導入（6分）

T：「２つの水源」から「聖ヨハネの急流」までを学習してきましたね。

（ここで90頁の資料を黒板に貼る。）

S：どの音楽も情景にピッタリな音楽でした。

T：みんな音楽に合う身体表現を考えてくれましたね。では音楽に合わせて
　　身体表現しながら聴きましょう。

S：「農民の婚礼」のポルカのダンスが楽しい！「聖ヨハネの急流」のシン
　　バルの音やティンパニの連打を激しい雷鳴のように表現しよう！

☁️。『問いを創る授業』を機能させるポイント

　生徒が、興味をもって音楽を聴くことができるよう、音楽の要素を生か
した身体表現を前時までに考えさせました。導入で身体表現しながら聴く
ことにより、音楽の要素の変化を再確認できました。

２．不思議のタネの提示（2分）

T：ブルタバのテーマは「穴から子猫が」というチェコ民謡をもとに作られ
　　ているんだよ！

S：え？　この曲は、ブルタバ川の情景を音楽で表現した曲じゃないの？

T：まずは、「穴から子猫が」を聴いてみよう！　この曲はチェコ国民なら
　　誰でも知っている有名な民謡なんですよ！

S：楽しい音楽だね！　子どもの声がかわいい！

☁️。『問いを創る授業』を機能させるポイント

　この曲の中に３回「ブルタバ川のテーマ」が出てきますが、はじめの２
回は短調でさみしい感じのする音楽です。それに対して原曲になっている
チェコ民謡「穴から子猫が」は長調で明るくかわいらしい民謡なので、「こ
のギャップは、なぜなのだろう。」という思いをもち、それが問いにつな
がると考えました。

３．問いを創る（2分）

T：「不思議だな」「どうして？」「知りたいな」と思ったこと、「〜かな？」

と考えたことなどを、個人でどんどん書いてみましょう。

S：「なぜブルタバのテーマは暗く悲しい感じなんだろう。」「この曲の旋律
　　を使ったのはなぜだろう。」「なぜ長調で明るい民謡をもとにブルタバの
　　テーマを作ったのだろう。」「川の曲なのに猫の曲を使ったのはなぜだろ
　　う。」「作曲家は、何を伝えようとしているのだろう。」

『問いを創る授業』を機能させるポイント

　もとになった曲が、明るくとても楽し気な曲想なので、「不思議だな」と
感じた生徒が多数いました。また、「穴から子猫が」を聴くことによって、
川の流れが短調で表現されていることに「なぜだろう。」と感じた生徒も
いました。

4．問いを絞る（5分）

T：どのような問いを創りましたか。
　　まずは班の中で問いを出し合いま
　　しょう。その後、班で問いを1つ
　　に絞りましょう。

S：「なんでスメタナはチェコ民謡を
　　もとにしたのかな。」「なぜ短調の
　　曲なのに長調の曲にしたのかな。」

T：それでは、黒板に班の問いを貼り

に来てください。みんな「穴から子猫が」と「ブルタバのテーマ」の曲
想の違いに驚いたようですね。そして、長調と短調の違いに気づいたよ
うですね。

『問いを創る授業』を機能させるポイント

　「2つの源流」～「聖ヨハネの急流」までの学習をする際、音楽の要素
をもとに情景を想像する学習を積み重ねてきたので、「穴から子猫が」を
聴いたときも、何となく曲想の違いを感じ取るだけでなく、音楽の要素の
違いに気づくことができたと思います。

5．問いを使う（30分）

T：「なぜ長調で明るい民謡をもとにブルタバのテーマを作ったのか」みんなでなぞを解いていきましょう。では、今日学習する「3回目のブルタバのテーマ」を身体表現しながら聴いてみましょう。

S：あれ？　いままでのブルタバのテーマと違うよ！「穴から子猫が」の音楽に似ているね！　もしかしたら、下流で町の中を流れている風景を表現しているのかな？　そこに猫がいて子どもたちが楽しそうに遊んでいるのかな？

T：みなさん！　想像力が豊ですね！　では、作曲当時のチェコの地図を見てみましょう。

『問いを創る授業』を機能させるポイント

3回目の「ブルタバのテーマ」と「穴から子猫が」がほとんど同じ旋律であることに気づかせるために音楽を聴く際、身体表現をしてみました。

6．まとめ（ふりかえり）（5分）

T：「穴から子猫が」の曲がもとになった理由がわかったようですね。

S：「祖国を取り戻そう」という思いを伝えるために、チェコの人々に馴染みのある民謡を使ったんだな。

編者の視点

問いを創る授業を用いて鑑賞活動をすると、その地の歴史的背景にまで迫る、深い学びへとつながる授業が展開できることに気づかされた実践でした。2つの曲を聴き、その曲想の違い（短調と長調）を感じ取り、その違いにどのようななぞが隠されているのか、ワクワクしながらなぞ解きをしていく生徒の姿が目に浮かんできます。　　　　　　　（鹿嶋）

○資料

7. スメタナのテーマを聴き比べてみて……

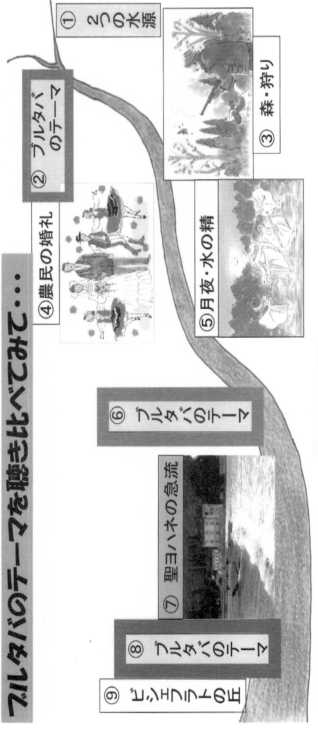

① 2つの水源

② ブルタバのテーマ

③ 森・狩り

④ 農民の婚礼

⑤ 月夜・水の精

⑥ ブルタバのテーマ

⑦ 聖ヨハネの急流

⑧ ブルタバのテーマ

⑨ ビシェラートの丘

チェコの川

単元名：音楽の特徴を感じ取り、情景を想像して聴こう 単元の目標 B鑑賞（1）イ（イ） 音楽の特徴とその背景となる文化や歴史、他の芸術とのかかわり	指導計画	これだけは身につけさせたい知識・技能（生きて働く（知識・技能の習得））	これだけは身につけさせたい見方・考え方、表現力など（思考力・判断力・表現力など）	これだけは身につけさせたい姿勢や態度（学び/向かう力・人間性など）
	① 問いを作る授業 ・モルダウ川の流れについて	・チェコ民謡「穴から子猫」が、スメタナ作曲モルダウを聴き比べて、既習の知識（音楽の要素を根拠に情景を想像することができる。音楽の要素や構造に疑問をあげることができる。		・音楽の特徴から作った人の意図を感じ取り表現しようとする。 ・積極的にかかわり他者の良さに気付き、自らの考えを見つめ直したり、改善しようとする。 ・問題解決のために資料を収集・整理し、自らの考えを伝えあったり、仲間の意見をしっかり聴いたりする。
	2 ・モルダウ川周辺の様子について	【何をどのように評価するか】 ・既習の知識をもとに、問いを作ることができる。（ワークシート） ・音楽の要素や構造を根拠に疑問をあげることができる。		【何をどのように評価するか】 ・主体的に学習に参加しようとしている。（観察・振り返り） ・問題解決のために資料を収集・整理する。自らの考えを伝えあったり、仲間の意見をしっかり聴いたりする。（観察・振り返り）
	3		これだけは身につけさせたい見方・考え方、表現力など（思考力・判断力・表現力など）	何に気づいてほしいか？ どんな疑問を持ってもらいたいか？
	4		・既習の知識を使って音楽的な疑問をもつことができる。（問いを作る授業①） ・さまざまな音楽の要素の変化を感じ取り、情景を想像したり、作曲者の意図を感じ取ることができる。	・どうして「穴から出た子猫」の旋律を使ったの？ ・長調の民謡なのに、なぜ短調にしてしまったの？ ・なぜ川の流れの曲を作ったの？ ・川のどのあたりの音楽を作ったの？ ・どんな風に川は流れているの？ ・作曲家はこの曲にどんな思いを込めているの？
	5			
	6			
	7			不思議のタネ
	8		【何をどのように評価するか】 ・問いを作ることができる。（ワークシート） ・音楽の要素や構造を根拠に作曲者の表現したいことは何か考えることができる。（ワークシート）	・「ブルタバ」のテーマはチェコ民謡「穴から子猫」がもとになっている。
	9			
	10			

※問いを創る授業を行う時間に○をつける

不思議のタネ
「フーガ」

単元名「フーガ　ト短調」
（１時間目／２時間扱い）
教科書名『中学生の音楽２・３上』（教育芸術社）
本時の目標➡「フーガの形式を理解し、主題の出てくる特徴を聴くことができる。」

【生徒の創った問い】

・フーガ　ト短調とは？

・短調とは何？

・主題とは何？

・フーガとト短調の間に空白があるのはなぜ？

・フーガが生まれたのはいつ？

【その後の授業展開】

①主題を何度も聴かせ、生徒に覚えさせる。曲を通して聴かせ、主題が聴こえたら挙手をする。

②主題が出てくる特徴について気づいたことを班で共有し、全体でも共有する。

③拡大楽譜を見せ、フーガの出てくる特徴について解説する（４つのパートそれぞれから出てくる。４つのパートは音の高さが違う。主題が重なることはない。主題は追いかけっこをしている）。

④再度、主題が出てくる特徴を感じながら鑑賞させる（１回目に鑑賞したときに主題を見つけられなかった生徒も聴こえるようになった）。

音楽科（３年）『問いを創る授業』実践例３

不思議のタネ
「３番目の音が上下すると世界が変わる！」

単元名「帰れソレントへ」
（１時間目／２時間扱い）
教科書名『中学生の音楽２・３下』（教育芸術社）
本時の目標➡「曲想を生かして表情豊かに歌おう。」

【生徒の創った問い】

・何の３番目？

・３番目の音って何の音？

・上下するってどういうこと？

・世界って何の世界？

・世界が変わるって、何がどう変わるの？

・どうして３番目の音が変わると世界が変わるの？

・３番目の音が変わらなかったらどうなるの？

【その後の授業展開】

　同じ主音をもつハ短調とハ長調で作られている歌唱教材「帰れソレントへ」は、自分のもとを去って行った恋人に、僕のもとへ帰ってきておくれと歌う歌です。

　悲しみの場面は短調で、幸せだった頃のことは長調で表されていますが、この長調と短調の違いは音階の３番目の音（第３音）が半音上下することで決まります。

　そこで、まずどの部分が短調でどの部分が長調かを考えさせ、それは調号の変化や臨時記号が付くことで変わることを理解させます。そしてこの２つの調の関係を教え、反対に第３音を途中で上下させずに長調のまま、または短調のまま歌わせてみて曲調の違いを理解させます。

　また、この２つの調を行ったり来たりすることで心情の変化が表現され、楽曲が盛り上がっていくことに気づかせます。

不思議のタネ マルセル・デュシャン 「泉」の作品画像

単元名「マルセル・デュシャン「泉」を味わう」
（3時間目／3時間扱い）
教科書名『美術2・3』（光村図書）

本時の目標➡「美術史の変遷の中で作品がも
たらした影響について考える。作品の主題や
表現方法を主体的に感じ取り、作者の心情や
意図と表現の工夫、自分の思いや他者の考えを比較し作品に対す
る見方を広げることができる。」

🤔🤔 なぜ、この不思議のタネにしたのか？

　「泉」は既製品の便器を作品として提示したものでインパクトがあり、作
品画像そのものを不思議のタネにすることで問いが生まれやすいのではない
かと考えました。

📖 授業の流れ
1．導入（2分）

T：前回までの授業では何を学習しましたか。

S：年表の美術作品から1つ選んで調べ学習をしました。

S：美術史の大まかな流れを学習しました。

T：そうですね。今日はみなさんが前回までに作ったスライドを活用しつつ、年表の中から誰も選ばなかったある1つの作品について取り上げてみたいと思います。

💭『問いを創る授業』を機能させるポイント

> 本時で扱う作品について提示する前に生徒がどの作品だろう？と年表から探したくなるような問いかけをしました。

2．不思議のタネの提示（1分）

T：（スクリーンに作品を出す）今日はこの作品を取り上げます。

S：何これ……

3．問いを創る（3分）

T：この作品を見て疑問に思ったことや浮かんでくるつぶやきをプリントにたくさん書いてもらいます。

S（プリントの記述）：「これは何？」「何に使われたのか。」「制作年は？」「この作品の名前は？」「黒い穴は何か。」「どこで描かれたのか。」「何をイメージして作ったのか。」

💭『問いを創る授業』を機能させるポイント

> 全員が問いを書くことができるよう、支援が必要な生徒には「この作品を初めて見たときどう思った？」と尋ねるなど一対一の対話から引き出しました。

4．問いを絞る（10分）

T：では、次に自分がプリントに書いた疑問の中から一番解決したいものを

ホワイトボードに書いて黒板に貼りにきてください。

S：（黒板に貼りながら）この問いは一緒なので近くに貼ったほうがいいかな。

T：そうですね。似た問いは近くに貼ってください。

T：（全員貼り終えたら）この中で解決できる答えがここにあります。これ
　　は作品で当時の既製品の男性用小便器です。これは作品の写真です。ス
　　ライドの情報＊¹⁾からすぐ解決できる問いとできない問いに分類されま
　　したね。解決できなかった問いの中から今日一番解決したい問いを１つ
　　決めたいのですが、どれがよいですか。挙手してください。

T：「何をイメージして作られたのか」がいい人手を挙げてください。

S：はい。（クラスの９割以上が手を挙げる）

T：ほとんどですね。では今日はこの問いになります。○さん（問いを考え
　　た生徒）、この問いをこのまま使いますか。

S：制作意図について考えるので「なぜこの作品を発表もしくは展示しよう
　　としたのか。」はどうでしょうか。

『問いを創る授業』を機能させるポイント

　１人１枚ホワイトボード（マグネットシート）を配付し問いを書き、黒
板に貼ることで自分の問いがどのように扱われているかを視覚化すること
ができました。本時では「現時点では回答できない問い」の中から問いを
多数決で１つ決めました。選ばれた問いの答えを単語でなく文章として表
現できるよう、問いを作った生徒との対話で全体で提示する問いの言い回
しを変更して、疑問形かつ全員が考えやすいものにしました。

＊１）平芳幸浩、京都国立近代美術館編『百年の《泉》－便器が芸術になるとき』（LIXIL 出版、2018
年）を参考に作成。

５．問いを使う（29分）

Ｔ：さて「なぜこの作品を展示しようとしたのか」を考えるために鑑賞の手がかりを３つ提示します。１つ目は前回までの授業でみなさんが作ったスライドを年代順に並べ替えました。「泉」が発表される前後に着目して作品がどう変わっていったのか考えてみましょう。

Ｓ：「泉」以後はインスタレーションが出てきたり作品が自由になってきた気がする。「泉」以後は作品の捉え方が広がっている。

Ｔ：いいところに気がつきましたね。２つ目はデュシャンがどんな人だったか、人物像をスライドで見てみましょう。

Ｓ：自分の作品にひびが入って喜ぶなんて変な人。でもチェスが得意ということは賢い人なのかも。

Ｔ：３つ目、作品が描かれた時代背景についてです。歴史で学習していると思いますが……

Ｓ：1914年頃から第一次世界大戦がはじまったり激動の時代でした。

Ｔ：そうですね。そんな時代背景の中で作られた作品でした。では今日の問いについて、これら３つの手がかりを踏まえて自分の考えを短冊に書いてください。

Ｓ：「誰も展示しないようなものを展示したかったから。」「戦争中はトイレをする時間すらないことを表現している。」「トイレが唯一の心のやすらぎであったから、戦争をやめたいというメッセージ。」

Ｔ：書けたら短冊をまなボード＊2）に入れて班で共有しましょう。意見の理由も班で発表し、そこからもっと知りたいことなどを質問し合ってください。

Ｓ（班の代表）：「戦争中だと表現するものが暗くなってしまうので日常で使う身近なものに目を向け、発表したのではないか。」

Ｔ：なるほど。便器は毎日目にする誰にとっても身近なものですよね。

Ｓ（班の代表）：「子どもがおしっこをすることで戦争が終わったという話を聞いたことがあり、戦争をやめたかったからこの作品を発表したのではないか。」

＊2）協働学習を促進する『まなボード』泉株式会社（izumi-cosmo.co.jp）

Ｔ：小便小僧の由来の一説から考えたのですね。そこから作品に戦争をやめ
　　ようというメッセージが込められていると感じたのですね。

　問いに対する個人思考の時間は十分に確保することを心がけました。板
書ではクラス全員の意見を掲示し、ふりかえりの際に自分の意見と比較し
やすいように視覚化しています。

6. まとめ（ふりかえり）（5分）

Ｔ：面白い意見がたくさんでてきましたね。鑑賞に決まった答えはありませ
　　ん。みなさんがどう感じるかが大切です。デュシャンは亡くなっている
　　のでこの問いの答えを聞くことはできませんが、作品に対して1つ残し
　　た言葉があるので見てみましょう。自分や友達の意見とこの言葉を比較
　　してどう思いましたか。記述してください。作品の見方が授業の前後で
　　どう変わったかを記述しても構いません。

Ｓ（代表生徒発表）：「デュシャンはなんでもないもの、人が嫌っているもの
　　　　　　　　　　を展示し、これが芸術になると言うと芸術になること
　　　　　　　　　　を教えたかったのではないかと思った。」

　ふりかえりを書くための手がかりとして、授業を受ける中で作品に対す
る見方がどう変わっていったかなど、思考の過程が視覚化できるような
ワークシート作りを心がけました。

🔍 編者の視点 🔍

　意表を突くような不思議のタネを提示することで、授業者が指示しなく
ても「えっ何これ？」と問いが次々と浮かんでいる様子が目に浮かびます。
意表を突くような不思議のタネであっても単なる興味本位や授業者の好み
ではなく、そこに明確な意図があることにより、ぶれることなくねらいに
迫ることができている展開は見事です。手がかりとなる資料を提示するこ
とで、生徒の思考がさらに深まっています。
　　　　　　　　　　　　　　　　　　　　　　　　　　　　　　（吉本）

単元名：マルセル・デュシャン「泉」を味わう

単元の目標：美術史の変遷の中で作品がもたらした影響について考え、作品の主題や表現方法を主体的に感じ取り、作者の心情や意図の工夫、表現者の思いや他者の考えを比較し作品に対する見方を広げることができる。

これだけは身につけさせたい見方・考え方など（思考力・判断力・表現力など）	これだけは身につけさせたい知識・技能（生きて働く知識・技能の習得）	これだけは身につけさせたい姿勢や態度（学びに向かう力・人間性など）
・作者の心情や意図と表現の工夫を自分の思いと他者の思いを比較しながら作品に対する見方を広げること ・作品が発表された時代背景や美術史の変遷を紐づけながら作品について考えること	・美術史の変遷の中で作品がもたらした影響について考えること	・作品の主題や表現方法を主体的に感じ取ろうとすること
【何をどのように評価するか】 授業を受ける前後で作品に対する考え方がどう変わったか、他者の見方を比較してどう作品に対する見方が広がったかをワークシートの振り返りで評価する。	【何をどのように評価するか】 美術史について生徒が作成したパワーポイントとワークシートの鑑賞の手がかりの箇所から評価する	【何をどのように評価するか】 「泉」を主体的に感じ取る力を授業での話し合いなどでの観察とワークシート全体から分析して評価する。
これだけは身につけさせたい見方・考え方など（思考力・判断力・表現力など）		何に気づいてほしいか？ どんな疑問を持ってもらいたいか？
		「泉」を通して作者が伝えたかったことは何かなぜこの作者は「泉」を展示しようとしたのか
		不思議のタネ

指導計画

1	年表の中から自分の好きな作品の付属情報を調べて発表し、美術史の全
2	体の流れを把握する。
③	「泉」を鑑賞する。
4	
5	
6	
7	
8	
9	
10	

※問いを創る授業を行う時間に○をつける

美術科（２年）『問いを創る授業』実践例２

不思議のタネ
「ダ・ヴィンチの壁画には仕掛けや秘密がある。」

単元名「名画の魅力に迫る
『最後の晩餐』に学ぼう」
（１時間目／２時間扱い）
教科書名『美術２・３上』（日
本文教出版）
**本時の目標➡「作者の心情や
表現の意図と創造的な工夫**
などについて考え、見方や感じ方を深める。」

【生徒の創った問い】

・どんな仕掛けがあるのかな？

・秘密って何だろう？

・なぜ、弟子たちが、３人組で描かれているの？

・晩餐というのに窓の外が明るいのはなぜ？

・食卓を囲まずに、みんな一列に描かれているのはなぜ？

・どうして言い争いを弟子たちはしているの？

【その後の授業展開】

　生徒の創った問いを通して、「裏切り」が告げられた弟子たちの驚きや不安などの心の中のドラマを、演劇の一場面のようにダ・ヴィンチが工夫して描いていることを鑑賞します。構図と主題が一致した天才的な構想と計算で仕掛けている視線誘導（一点透視図法の魔法）が、現実空間と絵画空間がぴったりと重なり、あたかもイエスや弟子たちと一緒に食事をしているかのように工夫して描かれていることも発見させ、鑑賞を深めます。

美術科（１年）『問いを創る授業』実践例３

不思議のタネ
「これはすべて同じ人が描いた自画像です。」

単元名「見て感じて描く～自分の内面に目を向け、自分をスケッチしよう～」
（１時間目／２時間扱い）
教科書名『美術１』（日本文教出版）
本時の目標➡「自画像とは内面を表現するものであるということに気づく。」

【生徒の創った問い】

・なぜ同じ人物なのに顔がここまで変わったのか。　・作者は整形したのか。

・なぜ描き方を変えたのか。　・ピカソに何があったのか。

【その後の授業展開】

①ふせんに書いた問いを模造紙に集約し、生徒の意見を組み合わせて本時の問いを１つに決める。→「なぜ同じ人物なのにこんなに違うのか。」

②作者の経歴などが書かれたヒントカードを各班に配り、それぞれどの年代で描かれた作品かを班で協力して答えを探す。

③問いについて個人思考のち意見を個人のホワイトボードに貼り、黒板に貼る。

④教師が数名を指名し、発表させる。

⑤自画像とは何を表現しているかを考える。

⑥ふりかえりでは授業の前後で絵の見方がどう変化したかや自分を表現するとはどういうことなのか、気づきを書く。

⑦次時は自画像を制作することを予告する。

不思議のタネ
「THIS IS ME（映画『グレイテスト・ショーマン』主題歌の写真）」

単元名「現代的なリズムのダンス」（３時間目／８時間扱い）

本時の目標➡「感じを込めて踊ったり、みんなで自由に踊ったりする楽しさや喜びを味わい、イメージを深めた表現や踊りを通した交流や発表をする。表現などの自己や仲間の課題を発見し、合理的な解決に向けて運動の取り組み方を工夫するとともに、自己や仲間の考えたことを他者に伝える。ダンスに自主的に取り組むとともに、互いに助け合い教え合おうとすること。一人一人の違いに応じた表現や役割を大切にしようとすること。」

⁇ なぜ、この不思議のタネにしたのか？

　映画『グレイテスト・ショーマン』の登場人物は多くの悲しみ、痛みを抱えながらも自分の居場所を見つけ、生き生きと力強く立ち向かっていきます。その象徴として劇中で流れる主題歌を紹介し、問いを考えることで生徒たちは歌声やストーリーに引き込まれていきます。ダンスが踊れる生徒も苦手な生徒も、さまざまな事情があり辛い思いをしている生徒も曲、映画の世界観に浸りながら「私は私でいい」「これが私」と「私」について考えさせ、義務教育を終え巣立つ３年生に「今ここにいる私は私でいい」という勇気を与え、送り出したいと考えました。

授業の流れ

１．導入（２分）

T：これまでダンスの基本ステップや「パプリカ」をみんなで踊ってきましたね。いよいよ今日からはみなさんにダンスを創ってもらいます。

S：えー！　自分たちで考えるの？　曲は？　難しそう……。

『問いを創る授業』を機能させるポイント

> 「まずはワークシートにできるだけたくさんの問いがつくれたらいいんだよ」と伝え、動き出しのきっかけになるようにしました。

２．不思議のタネの提示（２分）

T：今日、みなさんに最初に見てもらいたいのはこれです（文字だけを提示）。

S：THIS IS ME？これは私？どういうこと？

T：（続けて映画のキャストの集合写真を併せて提示。）

S：映画？　この人たちが踊るの？

『問いを創る授業』を機能させるポイント

> 「私」という言葉を印象づけたいと考え、先に言葉だけを提示し、写真は個性的なたくさんのキャスト１人１人が見えるように大きく提示しました。

３．問いを創る（３分）

T：「何だろう」「どうして？」「知りたい」や「〜かな？」と考えたことなどをできるだけたくさんワークシート１（106頁参照）に書いてみましょう。

S：「THIS IS ME ってどういう意味だろう。」「『これが私』の『これ』って何？」「何をしている人たちだろう。」「どうしていろいろな衣装を着ているの？」「いろんな国の人がいるのはどうして？」

『問いを創る授業』を機能させるポイント

> 仲のよい生徒同士ではどんなときでも話し合いがはじまりますが、問いづくりのはじめは「個人思考」を大切にしたいので「あとで相談できるからね」と呼びかけ、しゃべらず自分の中に浮かぶ問いを自由に書くようにします。

４．問いを絞る（３分）

T：自分がとても知りたいと思う問いを３つ選んで、ワークシート２（106頁参照）に書きましょう。

S：３つに絞れないなぁ。これは外せないな。

T：近くの人と３〜４人のグループになって、グループとして知りたい問いを絞ってみましょう。できたらミニホワイトボードに書いてくださいね。後で発表してもらいます。

🐑。『問いを創る授業』を機能させるポイント

> 話し合いの中で、問いの答えが見つかったり、新たな問いが見つかることもあります。いろいろな意見を出し合うこの時間を大切にし、創作ダンスにつなげたいと考えます。

５．問いを使う（30分）

T：いろいろな問いがありましたね。それではどういう話なのか解説をしていきます。途中で問いの答えがわかったものはワークシートにチェックしましょう。

T：この「THIS IS ME」はミュージカル映画『グレイテスト・ショーマン』の主題歌のタイトルです。曲を聞いてみましょう。（曲をかける。）

S：なんか悲しそう。でも強そうな声だよ。

T：映画のあらすじは……（主題歌が流れるまでのあらすじを提示）歌詞も読んでみましょう。（歌詞の対訳プリントを配付し、訳文を範読する。）この曲が流れる映画のシーンを見てみましょう。

S：戦う人の歌なのかな。虐げられた人たちだ。力強い話だな。

T：さあ、いまから体を動かしますよ。いまからみんなの「THIS IS ME」をダンスで表現するための動きづくりです。先生の真似をしてください。まずはストレッチ運動です。次に基本のダンスステップを思い出してみますよ。「THIS IS ME」のダンスも踊ってみましょう。（「THIS IS ME」の振り付けから足を地面に擦り上げたり、大きく踏みしめたりする力強い動きを２〜３種類程度紹介する。）

T：では、グループでひとまとまりの動き（８拍×６回）を創作してみましょう。ラストは「これが私！」と言える「THIS IS ME」のポーズを決めて静止しますよ。

S：どんなダンスにしようか。いままで習った動きをつなげてみよう。ラストのポーズは彫刻みたいなのでもいいかも。好きなアーティストの動きでもいいかも。

☁『問いを創る授業』を機能させるポイント

> 　動きはじめでも曲や映画の世界観に浸れるように、劇中の他の曲を流しながらストレッチやダンスステップを行いました。ひとまとまりの動きの創作では、ラストのポーズはあまりこだわらずに、自信をもってポーズがとれる動きにし、次時からの作品作りにつなげたいと考えました。

６．まとめ（ふりかえり）（10分）

T：グループごとに発表します。見ている人は手拍子をして応援しましょう。終わったら大きな拍手をしましょうね。

S：緊張するなぁ。他のグループのダンスは楽しみだなぁ。

T：（発表後）どのグループも素敵なダンスでしたね。終わってどんな気持ちですか？　次回からみなさんの「THIS IS ME」をさらに練り上げながら創作していきます。いまの気持ちは次につながります。ワークシートに気づいたこと、次にしてみたいことを書いてみましょう。

S：「もうちょっと大きく動けばよかったな。」「恥ずかしい気持ちをなくしたい。」「『私』らしいポーズってどんなかな。次までに考えてみよう。」

🔍 編者の視点 🔍

> 　表現の授業はともすれば表面的な指導で終わってしまうこともありますが、この授業では映画『グレイテスト・ショーマン』の主題歌「THIS IS ME」を不思議のタネとして用いることで、「私って何者？」という自己の存在へ問いをもつことから展開しています。「問いを創る授業」の中学３年間の集大成として、道徳や英語とも絡めてカリキュラムマネジメントの視点で授業を構成することも可能な興味深い授業と言えます。　（吉本）

○資料

<table>
<tr><td>

ダンス ワークシート 1

3年　組　名前【　　　　　　】

不思議のタネ

［　　　　　　　　　　　　　　　　　］

□ ＿＿＿＿＿＿＿＿＿＿＿＿＿＿＿＿

□ ＿＿＿＿＿＿＿＿＿＿＿＿＿＿＿＿

□ ＿＿＿＿＿＿＿＿＿＿＿＿＿＿＿＿

□ ＿＿＿＿＿＿＿＿＿＿＿＿＿＿＿＿

□ ＿＿＿＿＿＿＿＿＿＿＿＿＿＿＿＿

□ ＿＿＿＿＿＿＿＿＿＿＿＿＿＿＿＿

□ ＿＿＿＿＿＿＿＿＿＿＿＿＿＿＿＿

月 ／ 日	スッキリ	もやもや

</td><td>

ダンス ワークシート 2

とても知りたい思う問いを3つ選ぶ

◆ 考えること

とても知りたいと思う問い（解決したい問い、あるいは気になる問い）を3つ選ぶ。

◆進め方

1. 個人で考える。

2. 班内で話し合い、班としての意見をまとめる。

3. 全体で発表する。

個人	☆ ☆ ☆
班	メンバー［　　　　　　　　　　　　　］ ☆ ☆ ☆

［メモ欄］自分で考えたこと、班の話し合いで気がついたことなどを記入しましょう

</td></tr>
</table>

ダンス 自己評価カード

3年　組　名前【　　　　】

日付	評価項目	5段階	自由記述
／	○楽しかった。	5・4・3・2・1	
	○精一杯全力で働くことができた。	5・4・3・2・1	
	○深く心に残ることや感動することがあった。	5・4・3・2・1	
	○「あっそうか」「わかった!」と思った。	5・4・3・2・1	
	○自分や仲間の技能を向上しようと協力した。	5・4・3・2・1	
	○自分から進んで、何回も練習した。	5・4・3・2・1	
／	○楽しかった。	5・4・3・2・1	
	○精一杯全力で働くことができた。	5・4・3・2・1	
	○深く心に残ることや感動することがあった。	5・4・3・2・1	
	○「あっそうか」「わかった!」と思った。	5・4・3・2・1	
	○自分や仲間の技能を向上しようと協力した。	5・4・3・2・1	
	○自分から進んで、何回も練習した。	5・4・3・2・1	
／	○楽しかった。	5・4・3・2・1	
	○精一杯全力で働くことができた。	5・4・3・2・1	
	○深く心に残ることや感動することがあった。	5・4・3・2・1	
	○「あっそうか」「わかった!」と思った。	5・4・3・2・1	
	○自分や仲間の技能を向上しようと協力した。	5・4・3・2・1	
	○自分から進んで、何回も練習した。	5・4・3・2・1	
／	○楽しかった。	5・4・3・2・1	
	○精一杯全力で働くことができた。	5・4・3・2・1	
	○深く心に残ることや感動することがあった。	5・4・3・2・1	
	○「あっそうか」「わかった!」と思った。	5・4・3・2・1	
	○自分や仲間の技能を向上しようと協力した。	5・4・3・2・1	
	○自分から進んで、何回も練習した。	5・4・3・2・1	
／	○楽しかった。	5・4・3・2・1	
	○精一杯全力で働くことができた。	5・4・3・2・1	
	○深く心に残ることや感動することがあった。	5・4・3・2・1	
	○「あっそうか」「わかった!」と思った。	5・4・3・2・1	
	○自分や仲間の技能を向上しようと協力した。	5・4・3・2・1	
	○自分から進んで、何回も練習した。	5・4・3・2・1	

単元名：現代的なリズムのダンス	これだけは身につけさせたい知識・技能（生きて働く知識・技能の習得）	これだけは身につけさせたい思考力・判断力・表現力など（思考力・判断力・表現力など）	これだけは身につけさせたい姿勢や態度（学びに向かう力・人間性など）
単元の目標 ○イメージを深めた表現や踊りを通した交流や発表で仲間とのコミュニケーションを豊かにする。 ○自己を表現する喜びや楽しさや喜びを味わうとともに、自己や仲間の課題を発見し、解決に向けて取り組む。 ○自主的に取り組み互いに助け教え合うことや1人1人の違いに応じた表現や役割を大切にする。	・感じを込めて踊ったり、みんなで自由に踊ったりする楽しさや喜びを味わう。 ・ダンスの名称や用語、踊りの特徴や発表の仕方、運動観察の方法、体力の高め方など交流や発表を深める。 ・創作ダンスでは、表したいテーマにふさわしいイメージを捉え、個や群で、緩急強弱のある動きや空間の使い方で変化を付けて即興的に表現したり、簡単な作品にまとめたりして踊る。	・それぞれのダンスに応じて、表したいテーマにふさわしいイメージや、踊りの特徴を捉えた表現の仕方を見つける。 ・選択した踊りの特徴に合わせて、よい動きや自己や仲間の動きを表現を比較して、成果を改善すべきポイントとその理由を仲間に伝える。 ・健康や安全を確保するために、体調や環境に応じた適切な練習方法等についてふりかえる。 ・作品創作や発表に向けた仲間と話し合う場面で、合意形成するための関わり方を見つけ、仲間に伝える。 ・体力の程度や性別等の違いに配慮して、仲間とともにダンスを楽しむための活動の方法を見つける。	・ダンスの学習に自主的に取り組もうとする。 ・仲間に課題を伝え合ったり教え合ったりして、互いに助け合おうとする。 ・作品創作などについての話し合いに貢献しようとする。 ・1人1人の違いに応じた表現や交流、発表の仕方などを大切にしようとする。 ・健康・安全を確保する。

指導計画

	指導計画		[何をどのように評価するか]	[何をどのように評価するか]	[何をどのように評価するか]
			・楽しく全身を使って表現しようとしている。 ・基本の動きの学習から、ダンスの名称、用語が理解できている。 ・発表会に意欲的に参加している。	・ワークシート等に成果や改善する点の記述があり、仲間と共有ができている。また仲間と合意形成する関わりができている。	・話し合い等への参加 ・自己の状況に応じた、実現可能な課題の設定と挑戦する姿勢。

時	内容
1	オリエンテーション／基本の動き①「パプリカ」①
2	基本の動き②「パプリカ」②
③	「THIS IS ME」を知る／基本の動き③
4	「THIS IS ME」で創作①
5	「THIS IS ME」で創作②
6	発表会
7	
8	
9	
10	

何に気づいてほしいか？ どんな疑問を持ってもらいたいか？

「私」は何を表現したいのか。
自分のなりたいのは何か。
「私」って何？

不思議のタネ

THIS IS ME「THE GREATEST SHOWMAN」より）
（映画「THE GREATEST SHOWMAN」より）

※問いを創る授業を行う時間に○をつける

保健体育科（２年）『問いを創る授業』実践例２

不思議のタネ
「大震災における犠牲者の死因割合」
（「平成 22 年度国土交通白書」図表 23）

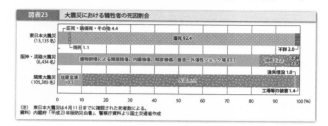

単元名「傷害の防止」（５時間目／８時間扱い）
教科書名『新中学保健体育』（学研教育みらい）
本時の目標➡「自然災害による傷害は、地震が発生した場合の家屋の倒壊、家具の転倒などによる危険が原因となって生じること、また、地震に伴って発生する津波や土砂崩れなどの二次災害によって生じることを理解できるようにする。」

【生徒の創った問い】

・どうして死因が違うの？　　・火災で死んでいるのはなぜ？

・外傷性ショックって何？　　・死なないためにはどうしたらいいの？

・なぜ３つの地震で死亡率が高いものが違うの？

【その後の授業展開】

　生徒から出た問いから、「３つの地震でどうして死亡率が高いものが違うの？」という問いに絞り込まれました。そこから自然災害である地震で死亡者が出るのは、「二次災害」による影響だということに気づかせ、二次災害にはどのようなものがあるのかを教科書を用いて確認しました。そして、３つの震災でそれぞれの死因が多くなってしまった理由を個人→グループで思考させた後、交流しました。人々が震災から何を学び、どんな対策をして、それをどのように自然災害が上回ってきたのかを知り、次時の自然災害による傷害の防止につなげていきました。

保健体育科（１年）『問いを創る授業』実践例３

不思議のタネ
「バレーボールの動画を見る（ラリーの動画）」

単元名「バレーボール」
（６時間目／ 12 時間扱い）
教科書名『新中学保健体育』（学研教育みらい）
本時の目標➡「バレーボールのラリーの練習方法を工夫する。」

【生徒の創った問い】

・どうやったらボールを長い距離飛ばすことができるのか。

・どうやったらラリーが続くのか。

・どうやったら早く動けるのか。

・なぜ全員でボールを取りに行けるのか。

・みんなでラリーを続けるにはどうしたらいいか。

・声を掛け合うといいのだろうか。

・正確に相手に返すにはどうすればいいのか。

・何回くらい続けられるといいのか。

・丸くなってラリーをするといいのか。

【その後の授業展開】

　生徒が創った問いをもとに本時の目標（「練習方法を工夫する」）を解決するため、チームで考えたことを実際にやってみる授業を展開しました。例えば、ボールを床に落とさないように、全員で円陣パスをしたり、リーダーにボールを返球する方法や３人対３人で向き合ってパスを行う方法を考え、実際にラリーを続ける練習を行いました。その後、ゲームを行った際には、コート外に出たボールを追いかける行動が多く見られました。

不思議のタネ
「高屋町の大根と県外産の大根の写真」＋それぞれの実物

単元名「日常食の調理と地域の食文化」
（1時間目／4時間扱い）
教科書名『新しい技術・家庭　家庭分野』（東京書籍）
本時の目標➡「地産地消の良さを理解する。」

県外産　　　高屋町産

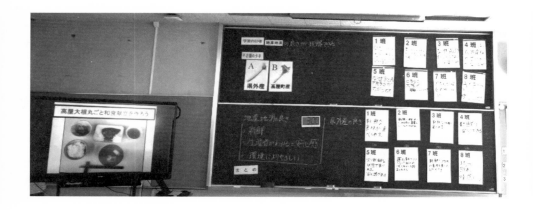

🤔🤔 なぜ、この不思議のタネにしたのか？

　地域で生産されている食材について関心をもつと同時に、県内外の食材のそれぞれの良さについて理解を深めさせ、調理実習につなげたいと考えました。

授業の流れ

A

B

県外産　　　高屋町産

1．導入（5分）

T：今日は、問いを創る授業をします。じゃじゃ
　ん。（高屋町産の大根と県外産の大根の実
　物を見せる）さて、この野菜の名前は何で
　すか？

S：大根！　葉っぱながっ！　片方は小さくて、片方は大きいね！

2．不思議のタネの提示（2分）

T：左の大根は県外産の大根、右の大根は高屋町産の大根です。今日はこの
　大根が不思議のタネです。〈黒板に写真を貼る。各班に写真とワークシー
　ト（114頁参照）を配る。電子黒板に不思議のタネの写真を写す。〉

『問いを創る授業』を機能させるポイント

　　不思議のタネがしっかり見えるように、視覚的に援助する教材を増やし
　ました。（ワークシート・電子黒板・板書・各班へ拡大写真）

3．問いを創る（個人3分）

T：では、いまから問いを考えます。3分間、1人で考えます。相談はして
　はいけません。できるだけたくさん、「不思議だな、なぜなんだろう、どう
　して○○なんだろう？」と思うことをワークシートに書きましょう。
　よーいはじめ。

『問いを創る授業』を機能させるポイント

　　ここでは、個人で問いを創る段階のため、「できるだけたくさん問いを考え
　る」というルールのみを確認しました。個々の生徒が何を知りたいと思って
　いるのかを読み取り、不思議のタネが本時のねらいに到達するために適切な
　ものかどうか、書かれた内容を見て、その後の指導の改善につなげます。また、
　なぜだろうと考えるときに授業への興味関心が最も高まると考えています。
　どんな内容でもよいと伝え、文末が疑問の形になるように書かせます。

4．問いを絞る（10分）

T : それでは、自分が考えた問いの中から自分1人では解決できない、班の みんなと話し合えばわかるかも知れないという問いを1つ選び○でかこってください。選んだら鉛筆を置いて立腰の姿勢で合図してください。

S : 1つにしぼる。（姿勢で合図）

T :（全員がペンを置いたのを確認する）それでは、いまから班で自分が選んだ問いを紹介してもらいます。役割を決めます。司会は〜〜。ホワイトボード係〜〜。ルールを確認します。紹介している間は、問いについて答えてはいけません。とにかくうなずきましょう。（首を縦にふってみせる。）全員の紹介が終わったら司会の人は、班で1つの問いに絞れるように話し合いをすすめてください。班全員で考えても答えがでない、授業でみんなと解決したい！という問いを1つ決めてください。班で1つの問いを決めるときのルールは積極的に会話に参加することです。問いが決まったらホワイトボード係は道具を取りに来て記入し、黒板に貼ってください。何か質問はありますか？　文字の大きさは？

S : 拳1つ分！

T : そうです。見える大きさで書いてくださいね。それでは時間は7分です。 よーい、はじめ。

☁️『問いを創る授業』を機能させるポイント

　　問いを絞るときは、積極的に知っている知識や考えを伝えさせます。全員の知識を合わせてもわからないもの、または授業で最もわかるようになりたい問いについて班でしっかり話し合いをさせます。

5. 問いを使う（20分）

T : すべての班が時間内に決められましたね。 すばらしい。字も見えやすい！　さて、 それぞれの班の問いを見ていると共通して出ている言葉がいくつかありますね。

S : なんで（B）高屋の大根は葉があるの？（A）県外産はないね。

T : そうですね。葉っぱに注目している班が多くありますね。

T : みなさんの問いをみているとそれぞれの大根の特徴や良さが知りたいみ

たいですね。高屋町の大根を高屋に住んでいるみなさんが食べることを何と言うか知っていますか？

S：地産地消！

T：そうです。今日はまず、地産地消の良さについて学習しましょう。（学習の目標を「地産地消の良さが理解できる。」に設定する。）では、地産地消の良さとは何でしょう。まずは、個人で考えてみよう。（個人思考３分）では、班で話し合いをしましょう。

☁ 『問いを創る授業』を機能させるポイント

　本時のめあては、地産地消の良さ。「新鮮（葉がある・葉がない＊食品ロスの視点にもつながること）」「環境への配慮〈食料輸送により排出される二酸化炭素・人件費（価格）〉」「生産者がわかり安心」について理解させたいが、生徒たちの言葉で発表させたのちに、問いの解決になっていることに気づかせたいと考えました。

6．まとめ（ふりかえり）（10分）

T：それでは、今日の学習で「わかったこと」「生活に生かしたいこと」についてワークシートに書きましょう。

T：（対話的な学びとして）では、隣同士でまとめの内容を発表し合いましょう。自分が書けていない考えや内容があれば赤いペンで書き加えましょう。

T：（意図的指名；机間巡視をし、本時の学習のポイント（新鮮・環境・生産者）が書けている生徒を見つける。生活に生かしたいこととして、どこで生産されたか表示を見て買うなど生活の中に生かそうとしている内容について記入している生徒を見つけておく。）では、まとめを発表してください。

🔍 編者の視点 🔍

　問いを、「みんなと話し合って授業の中で解決したいもの」に収束させる視点が面白いです。収束した問いは「それぞれの大根の特徴や良さが知りたい」です。すぐ地産地消ではなく、両者の特徴（葉の有無、値段、栄養、生産者など）を生徒に示し、それぞれの良さを考えさせます。その上で高屋産を選ぶメリットを考え地産地消へとつなげる方法もあります。　（石黒）

5章 地域の食文化

年　組（　）番（　）班　名前（　　　　）

1、不思議の種

不思議の種

A 県外産　　B 高屋町産

2. 問いをつくる [個人]

3. 班で話し合い問いをしぼる

学習の目標

4. [　　　　] について

自分の考え

5. 班で話し合い [4] についてまとめる

～メモ～

6 まとめ（わかったこと・もっと調べてみたいこと・生活に生かしたいこと）

自己評価：①積極的に問いを創ることができた。
（ A（できた） ・ B（だいたいできた） ・ C（努力が必要） ）
②積極的に班での話し合いに参加した。
（ A（できた） ・ B（だいたいできた） ・ C（努力が必要） ）
③地域や季節の食材を用いることの意義について理解できた。
（ A（できた） ・ B（だいたいできた） ・ C（努力が必要） ）

単元名：食生活 日常食の調理と地域の食文化「高屋大根などで和食献立を作ろう」

単元の目標
(3) 日常食の調理と地域の食文化
(エ) 地域の食文化について理解し、地域の食材を用いた和食の調理が適切にできる

これだけは身につけさせたい知識・技能（生きて働く知識・技能の習得）	これだけは身につけさせたい見方・考え方など（思考力・判断力・表現力など）	これだけは身につけさせたい姿勢や態度（学びに向かう力・人間性など）
・地域の食文化の意義について理解している。 ・日常食又は地域の食文化を用いた和食の調理を工夫しようとしている。	・日常食の調理と地域の食文化について課題を見つけ、その解決を目指して自分なりに工夫し、創造することができる。	・地域の食文化に関心をもって問いを創ろうとしている。 ・積極的に関わり、他者の良さに気づき、自らの考えを見つめなおし、改善しようとしている。

指 導 計 画

		これだけは身につけさせたい知識・技能	これだけは身につけさせたい見方・考え方など	これだけは身につけさせたい姿勢や態度
①	問いを創る授業（本時） 地産地消の良さが理解できる。	【何をどのように評価するか】 地域の食文化の意義を理解している。（ワークシート）		【何をどのように評価するか】 ・問いをたくさん創ろうとしている。（観察） ・仲間の意見を伝えあったりする中で、自分の考えを伝えたり、食文化の課題を評価・改善しようとしている。（ワークシート・発言）
2	高屋町の食材を用いた一食分の和食の調理計画を立てることができる。			**何に気づいてほしいか？ どんな疑問を持ってもらいたいか？** ・県外産と高屋町産でなぜ大きさが違うのか？（栽培に適した気候） ・県外産はなぜ葉を切っているのか？（水分の変化・食品ロス・環境） ・どちらがおいしいのか？（新鮮さ・栄養・味） ・だれが作っているのか？（農家の方への関心） ・価格（運送による価格の変化）
3	調理実習（2時間） （ごはん・ぶりのなべ照り焼き・ほうれん草のおひたし・菊花大根・みそ汁）	【何をどのように評価するか】 ・日常食の調理と地域の食文化について課題を見つけ、その解決を目指して自分なりに工夫し創造している。（ワークシート・発言）		**不思議のタネ** A　県外産 B 高屋町産
4				
5				
6				
7				
8				
9				
10				

※問いを創る授業を行う時間に〇をつける

不思議のタネ
「4種類のブロッコリーの実物」

・冷凍食品のブロッコリー（299円）
・地場産のブロッコリー（198円）
・外国産のブロッコリー（160円）
・有機ブロッコリー（328円）

冷凍食品(299円)　　地場産(198円)

外国産(160円)　　有機(328円)

単元名「さまざまな食品とその選択」
（1時間目／5時間扱い）
教科書名『技術・家庭　家庭分野』（開隆堂）
本時の目標➡「食品を選択するための諸条件を理解し、適切に選択できる。」

【生徒の創った問い】

・ブロッコリーの何が違うのか。　・それぞれのいいところは何か。

・なぜこんなに値段が違うのか。　・値段の違いは何からきているのか。

・なぜ有機は高いのか。　・なぜ輸入品は安いのか。　・地場産とは何か。

・有機とは何か。　・味は違うのか。　・新鮮さはどうなのか。

【その後の授業展開】

①個人で問いを3つまで選ぶ。班で発表し合い、各班で問いを3つまでに絞り、ホワイトボードに書いて前に貼る。

②本時の目標「食品を選択するための諸条件を理解し、適切に選択できる。」に照らし合わせ、全体で問いを3つまでに絞る。

③個人で教科書やタブレットを使って調べる時間を取り、そのあと班で話し合って答えを見つける。

④ホワイトボードに記入し発表する（その際、キーワードになる言葉を板書）。問いの答えが見つかったか確認し合う。

⑤生鮮食品や加工食品の選び方について、創った問いやキーワードを使って自分の言葉でノートにまとめる。

技術・家庭科（３年）『問いを創る授業』実践例３

不思議のタネ

【写真（イラスト）提示】・馬・ハイブリットカー・電気自動車・水素自動車

単元名「エネルギー変換を用いた製作品の評価・活用」
（１時間目／３時間扱い）
教科書名『新しい技術・家庭　技術分野』（東京書籍）
本時の目標➡「社会や環境で必要とされている技術に気づき、よりよい物を選択し、改善していく態度を育成することができる。」

【生徒の創った問い】

・どうして新しい車を開発するの？

・新しい車ができると、何かいいことがあるのかな？

・馬とハイブリット車と水素車は何が違うのだろう？

・新しく車が開発されると社会や経済にも影響があるのかな？

【その後の授業展開】

①生徒の創った問いを集約する。（Ｔ：みんなの問いをまとめると「乗り物の開発によって環境的、経済的、社会的側面から評価できる。」といいよね。）

②各班でタブレットを活用して調べる。

③各班で調べたことや予想したことを発表する。

④教師が調べたことの共通点（環境的、経済的、社会的側面）をまとめる。

⑤まとめを書く。（Ｓ：私たちの班はどうして新しい車を開発するのかについて検索や話し合いをしました。水素自動車が実用化されれば石油資源などの枯渇を防ぐこと、有害ガスの排出がないので環境によいこと、水を資源としているので経済的コストが低いことがわかりました。しかし、水素ステーションの建設や事故で爆発などまだまだ多くの課題があることがわかりました。）

技術・家庭科（2年）『問いを創る授業』実践例4

不思議のタネ
「散らかりにくい技術があります。」

単元名「生活に役立つ製品を構想しよう」
（1時間目／3時間扱い）
教科書名『新しい技術・家庭　技術分野』（東京書籍）
本時の目標➡「最適な設計を行うには使用目的、使用条件、問題の状況や環境などを考える必要があることを理解する。」

【生徒の創った問い】

・散らかりにくい技術ってなんだろう？

・物が散らかる原因はなんだろう？

・どうしたら物の整理ができるのだろう？

・なぜ物を散らかしてしまうのだろう？

・技術でできることはなんなのだろう？

【その後の授業展開】

　この題材では、設計の手順を考えるために製品が使われる場所の問題を計画的に解決することを目的としました。設計するためにはどのように使うかといった使用目的、使用条件を基に問題の状況や環境にふさわしい解決策を具体的に考える必要があることに気づかせることができました。

　凡例1：「散らかりにくい技術ってなんだろう。」では実際に販売している商品を点検し、どのような工夫をしているのかを調べる。その工夫した内容を自分の製作品に活用することができるか班で討議し、設計図に描き込む。

　凡例2：「物が散らかる原因はなんだろう。」では実際の生活で散らばりやすい物を上げてその物を分類し、どのようにしたら散らばらないか班で討議し、設計図に描き込む。

技術・家庭科（１年）『問いを創る授業』実践例５

不思議のタネ
「中学生の１日の献立」

| 朝 | 昼 | 夜 |

単元名「わたしのおすすめ朝ごはん」（１時間目／７時間扱い）
教科書名『新しい技術・家庭　家庭分野』（東京書籍）
本時の目標➡「中学生が必要な栄養量を満たす１日分の献立の立て方について理解している。」

【生徒の創った問い】

・この食事はバランスがいいの？

・５大栄養素、６つの食品群がそろっているの？

・朝、昼、夜で食事の量が違うと体に悪いの？

・なぜ給食に毎日牛乳がでるの？

・炭水化物を毎日とるのはなぜ？

・朝に副菜がなくて１日元気がでるの？

・栄養バランスのよい食事が昼だけでいいの？

【その後の授業展開】

　学校給食の内容や量と朝食と夕食を比較して、問いを創っていた生徒が多かったので、学習目標は「中学生に必要な栄養について理解できる。」に設定しました。給食に毎日牛乳がでる理由を考えさせ、食品成分表で調べたり、中学生の食事摂取基準に関連づけたりして、中学生はどれだけの量を食べたら健康にいいのか、食品群別摂取量のめやすにもつなげました。

不思議のタネ「Clean Energy Sources」

単元名「Program8　Clean Energy Sources」
（１時間目／９時間扱い）
教科書名『SUNSHINE ENGLISH COURSE 3』（開隆堂）
本時の目標➡「『Clean Energy Source』について書かれた教科書の本文を読み、問いの答えを見つけることを通して内容を読み取る。」

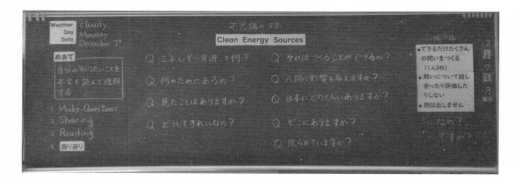

🤔 なぜ、この不思議のタネにしたのか？

　英語の長文を読むことを苦手とする生徒が多い中、また３年生ともなると、教科書で扱われている本文の内容自体も難しくなってきます。

　そこで、単元（Program）のタイトルを不思議のタネにすることで、単元を通して本文を読もうとする意欲と、問い続ける力が身につくのではないかと考えました。特に、この単元はタイトルと本文の内容が直結しており、問いの答えが見つけやすい内容となっているので選びました。

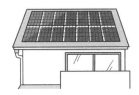

🕮 授業の流れ

1．導入（5分）

T：（教科書の風車の写真を見せて）みんな、これ見たことある？

S：あるある。家族で車に乗っているときに、O町の近くで見たことある。

T：じゃあ、これは？（教科書のソーラーパネルの写真を見せる。）

S：あ〜！　うちの近所の家の屋根にある。

T：私もこの風車のある公園に行ったことがあります。近くで見ましたが、すごく大きくて迫力がありましたよ。ソーラーパネルは家だけじゃなくて、実はS中学校などにも設置されているんですよ。

S：へえ〜。

💭．『問いを創る授業』を機能させるポイント

　生徒の興味・関心を高めるために、生徒の身近にあって普段目にしていると思われるものと同じ教科書の写真を見せました。

2．不思議のタネの提示（10分）

T：高知県でも見られるこの写真に映っているものはこう呼ばれています（Clean Energy Sources を提示する）。今日はこの不思議のタネを見て頭の中に浮かんだ問いを付箋に書きましょう。Clean Energy Sources（発音してみせる）と読みます。

💭．『問いを創る授業』を機能させるポイント

　写真に映っているものと Clean Energy Sources の文字をつなげて提示することで、少しイメージがしやすくなったのではないかと思います。また単語の意味自体がわからない生徒のために、個々の英単語の意味を確認しました。

3．問いを創る（10分）

T：では、問いを創ってみてください。いま、頭の中に思い浮かんだ疑問を

そのまま書いてください。どんなことでもいいですよ。

S：【生徒から出た問い】「どんな資源ですか。」「どうやってつくられました
　　か。」「それは何種類ありますか。」「どうやって手に入れますか。」「何に
　　使うエネルギーですか。」「他にどんなものがありますか。」「それに限り
　　はありますか。」「それは目に見えますか。」「それは地球に害がないので
　　すか。」「それは自然のものですか。」など。

💭『問いを創る授業』を機能させるポイント

　生徒が考えた問いを大切にしたかったので、例は出さないようにしまし
た。この後の本文を読み取る視点にするために問いはたくさんあったほう
がいいので、付箋は1人3枚必ず書くこととし、そのために、付箋に書く
時間を十分とるようにしました。

4．問いを絞る（10分）

T：4人グループになって、付箋を貼りましょう。
　　同じ内容の問いは重ねて貼ってください。

S：（4人グループで付箋を貼っていく。）

T：出た問いの中から、これについて一番考えて
　　みたいと思うものを各班から発表してください。

💭『問いを創る授業』を機能させるポイント

　グループの中だけでは問いとして出てきていなくても、各班が1つずつ発
表しそれを共有することで、授業者が読み取らせたい視点を共有できました。

5．問いを使う（10分）

T：いま、付箋に書いた問いの答えを本文の中から見つけて、付箋の下に書
　　きましょう。

S：どこに書いてる？　声に出して本文を読んでみようよ。○○さんは、こ
　　れの答えを探して。これはどういう意味？

💭『問いを創る授業』を機能させるポイント

　自分たちが創った問いの答えを本文から探すことで、本文を読んでみた
いという気持ちが生まれ、わくわくしながら答えを探していたように思い

ます。また、この単元の本文は３つのパート（パート１…wind power について、パート２…solar power について、パート３…wave power plant と geothermal power plant について）で構成されており、本文の内容を読み取る時間ごとにこのシート（「４．問いを絞る」で付箋を貼った用紙）を活用して、本文の中から答えを探す活動を行いました。単元を通してこの活動を行ったことで、単元を終えた頃には「問い」をもつこと自体の大切さに気づきはじめた生徒もいました（「まとめ」に生徒の感想を載せています）。

６．まとめ（ふりかえり）（５分）

Ｔ：今回創った問いは、このあと本文のパート２と３の内容理解でも使っていきます。（内容理解の度に上記シートを使い、答えを書いていった。）

Ｓ：【生徒から出た感想】

・先生に求められることを受け身になって考えるだけでなく、思考力が育っていいなと思った。

・自ら学ぼうとする姿勢ができる。疑問に思ったことは知りたいと思うし、それを自分で見つけて理解できたときにうれしくなる。

・自分で疑問に思ったことを他の人と共有することで知ってもらえるので、そこがよいところだと思う。

・いままであまり問いをもったことはなかったけれど、日常生活の中でも問いをもつようになった。

🔍 編者の視点 🔍

中学３年生ともなると学力の差が顕著になってきますが、その中でも英語科の学力差は大きく、英語の授業は鼻からわからないと決めつけている生徒も少なくありません。しかし、言葉と写真を組み合わせた不思議のタネを提示したり、『どれが一番高知県に適する発電方法だと思うか』と考えさせたりする（８〜９時間目）ことで、英語が苦手な生徒も具体的なイメージが湧いて自我関与でき、「何かな？」という問いが浮かびやすい展開となっています。生徒の感想にもあるように「受け身の授業」から「主体的な学び」へと転換した授業であり、問いをもつことこそが探究心を高める１つの方法であることを示してくれている授業です。　　　（吉本）

単元名：Clean Energy Sources

単元の目標
自分の考えや感想をまとめるために、さまざまな「Clean Energy Sources」について書かれた教科書の本文を読み、それなりに質問しながら、どれが一番よい意見を述べたりしながら、「どれが一番高知県に適する発電方法だと思うか」について、その理由を感じたこと、考えたことなどを、簡単な語句や文を用いて書くことができる。

		これだけは身につけさせたい知識・技能（生きて働く知識・技能の習得）	これだけは身につけさせたい姿勢や態度（学びに向かう力・人間性など）
		[知識] 関係代名詞（目的格）の特徴やきまり **[技能]** 「どれが一番高知県に適する発電方法だと思うか」について、考えたことや感じたことを、その理由などを、関係代名詞（目的格）を用いて書く技能	・自分の考えや感想をまとめるために、さまざまな「Clean Energy Sources」について書かれた教科書の本文を読み、どれが一番高知県に適する発電方法だと思うかについて、その理由や感じたことなどを、簡単な語句や文を用いて書こうとすること。 ・教科書 Program のタイトルに興味・関心をもち、そこから問いを見出そうとすること。 ・自らが創った問いの答えを教科書本文の中から見つけ出そうとすること。
		これだけは身につけさせたい見方・考え方など（思考力・判断力・表現力など）	**何に気づいてほしいか？どんな疑問を持ってもらいたいか？**
		[外国語によるコミュニケーションにおける見方・考え方] 目的や場面、状況等に応じて文章全体の要点を捉え、それに ついて他者との関わりの中で意見交換しながら 情報を整理し、考えなどを再構築すること。 **[思考力・判断力・表現力]** ・自分の考えや感想をまとめるために、さまざまな「Clean Energy Sources」について書かれた教科書の本文を読み、「どれが一番高知県に適する発電方法だと思うか」について、考えたことや感じたことを、その理由などを、簡単な語句や文を用いて書くこと。	・教科書の本文のタイトルに対して創った問いの答えを本文の中から見つけることで、本文の内容が理解できるということ。 ・どんな種類の資源があるのか。 ・資源はどんな風につくられるのか。 ・その資源は何を生み出すのか。 ・その資源はなぜ clean（きれい）なのか。
		【何をどのように評価するか】	**不思議のタネ**
		・授業用ノートに書かれた文を「自分の立場を明確にし、その理由をサポートする理由などを、簡単な語句や文を用いて書いている」か評価する。	Clean Energy Sources

	指導計画		
①	・不思議のタネを見て、問いを創る。 ・教科書本文（パート1）を読み、問いの答えを見つけることを通して内容やきまりを読み取る。		
②	・活動を通して、関係代名詞（目的格）の特徴やきまり which の特徴やきまりを理解する。		
③	・教科書本文（パート2）を読み、1時間に創った問いの答えを見つけることを通して内容やきまりを理解する。		
④	・活動を通して、関係代名詞（目的格）that の特徴やきまり（省略されることがある）を理解する。 ・風力発電と太陽光発電のメリット・デメリットを理解する。どちらがよいかについて理由とともに自分の意見を書く。		
⑤	・教科書本文（パート3）を読み、1時間に創った問いの答えを見つけることを通して内容やきまりを読み取る。		
⑥	・波力発電と地熱発電のメリット・デメリットを理解するとともに自分の意見を書く。		
⑦	・高知県の地理的条件について読みながら、これまで読んできた本文を読み返し、それについて質問したり意見を述べたりしながら、「どれが一番高知県に適する発電方法だと思うか」について考えたことや、その理由などを、60語程度で書く。		
⑧			
⑨	・授業用ノートに書かれた文を「自分の立場を明確にし、その意見をサポートする理由などを、簡単な語句や文を用いて書いている」か評価する。		
10			

※同じ色倉に授業を行う時間に◯をつける

外国語科（英語３年）『問いを創る授業』実践例２

不思議のタネ

提示資料１

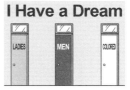

提示資料２

単元名「Lesson6　I Have a Dream」（６・７時間目／１０時間扱い）
教科書名『NEW CROWN ENGLISH SEIRIES New Edition』（三省堂）
本時の目標➡「キング牧師の『I have a dream』の内容を班で協力して読み取り、人種差別をなくすというキング牧師の夢を知る。」

【生徒の創った問い】

・Who is the woman?
・Who is the man?
・Where are they?
・What are they doing?
・Why is the man looking at her finger?
・What did the woman do?
・Where was this photo taken?
・When was this photo taken?

提示資料１に対する問い

・What is that building?
・What is "colored"?
・What is a Dream?
・Why are there three doors?
・Who is "I"?
・Who said "I Have a Dream"?
・Does each door have a dream?
・写真と英文の関係は？

提示資料２に対する問い

【その後の授業展開】

　USE Read の導入で、不思議のタネ（資料２）を用いて COLORED の意味や写真と I Have a Dream の関係に疑問をもたせ、各グループ（４人組）で、１人１段落を分担し、本文を読み取る活動を行い、グループ内で問いの答えについて話し合いました。写真と英文の関係は、黒人が差別を受けていた多くのこと（例えば、トイレなど）があることを理解。最終的に黒人差別を I Have a Dream のスピーチで訴え、黒人差別をなくすことがキング牧師の夢であることとをつなげて読み取ることができました。

外国語科（英語1年）『問いを創る授業』実践例3

不思議のタネ
「これは先生のプライベートの写真です。」

〈食べ物、趣味（音楽）、スポーツ、車、動物、部屋等の画像を用意〉

単元名「Program3　ウッド先生がやってきた」
（3時間目／4時間扱い）
教科書名『SUNSHINE ENGLISH COURSE 1』（開隆堂）
**本時の目標➡「一般動詞の用法を正しく身につけ、相手の好きな
ものをたずねることができる。」**

【生徒の創った問い】

・先生は一体いくつギターを持っているの？

・先生はギターが弾けるの？

・先生には子どもがいるの？

・子どもは何人いる？

・好きな食べ物は？

【その後の授業展開】

①写真を見て、個人で創った問いを書き出す。グループで共有し、質問して
　みたい問いを選ぶ。

②辞書、教科書等を使用し、質問の文を英語にする。

③それぞれのグループで作った英文をホワイトボードに書き、代表を決めて
　発表（質問）をする。

④答えた内容をノートにまとめる。

外国語科（英語２年）『問いを創る授業』 実践例４

不思議のタネ

単元名「Lesson6　My Dream」
（１時間目／７時間扱い）
教科書名『NEW CROWN ENGLISH SERIES New Edition 2』（三省堂）
**本時の目標➡「問いを創ることを通して、問いの答えを探しなが
ら教科書本文を読む。」**

【生徒の創った問い】

・Who are the old women?

・Where are they?

・Is Paro a dog?

・What tricks can Paro do?

・Can Paro close its eyes?

・What are they doing?

・What animal is Paro?

・Can Paro talk?

・Who made Paro?

・What can Paro do?

・Why are they looking at Paro?

【その後の授業展開】

　４人組で協力して、わからない単語を教え合ったり、調べたりして本文の
読み取りを進め、問いの答えについて話し合いました。ページを読み進むご
とに、お年寄りのいる場所が介護施設であること、介護の現場でロボットが活
躍していること、ロボットが介護の現場でどのように役立っているのか等、読
みを深めていきました。さらに、人の役に立つロボットを作ることが健の夢だ
と関連していることを読み取り、健のスピーチを読んだ感想、自分の将来の
夢やその夢の実現に向けてこれから取り組むことなどを書く活動を行いました。

不思議のタネ「いじめを止めるために自分だからこそできることがある」

主題名「いじめについて考える」
内容項目「Ｃ差別を許さない社会（関連項目：Ａ自分で行動できる力　Ｂ友情、信頼）」資料名「一歩前へ」（出典：平成30年度高知市中学校弁論大会優秀賞弁論文）
本時の目標➡「いじめを止めるために自分ができることを具体的行動レベルで考えることができるようになる。」

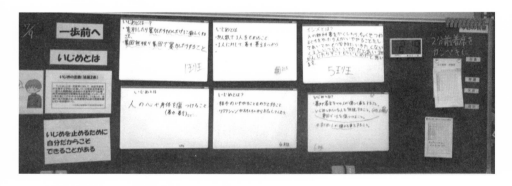

🤔🤔 なぜ、この不思議のタネにしたのか？

　この授業では、高知市の中学生が書いたいじめについての弁論文を教材として扱い、「いじめはどうすればなくなるか」という答えのない問いに対して、考え続けることを体験して欲しいと考え、問い創りの授業として展開しました。授業では、国で定めている「いじめの定義」を知ることで、いじめに対する考えの修正と拡大がなされ、その後、学校生活アンケートの結果を提示し、いじめを自分事として考えることができるようにしました。さらに「いじめを止めるために自分だからこそできることがある」という不思議のタネを提示し、いじめを止めるためにできることを具体的行動レベルで考え、友達に宣言することで、行動に移しやすい展開にしました。

128

📚 授業の流れ

１．導入（15分）

T：今日の道徳の教材は、高知市の中学生が書いた弁論文です。読んでみますね。

S：（教師の範読を聞きながら配付した資料（弁論文）を読む。）

T：この弁論文の中には「いじめ」という言葉が出てきました。皆さんは「いじめの定義」とはどのようなものだと思いますか？　自分なりの考えをワークシート（右参照）に書いてください。

S：（ワークシートに自分の考えを書く。）

T：班で話し合って、班としての「いじめの定義」を考え、ホワイトボードに書いてください。後で全体で発表してもらいます。

S：（ホワイトボードに書いた自分たちで考えた「いじめの定義」を発表する。）

T：国で定めている「いじめの定義」はこれです。みなさんの考えた「いじめの定義」と違っていることはありますか？

💭『問いを創る授業』を機能させるポイント

苫野一徳氏は『はじめての哲学的思考』（筑摩書房、2017年）の中で、「生徒が解決方法を主体的に考えるための問題設定にあたっては『参加者が現実的な共通了解にたどり着くような議論を確かめ可能な問いから始めよう』」と述べています。「いじめとは……」について自分なりに考えた後に国の定めているいじめの定義を学び、自分の考えと照らし合わせることでいじめについての理解を深めさせました。

２．不思議のタネの提示（3分）

T：先日のアンケート結果がこれです。（約半数の人が「友達から嫌なことをされたことがある」と答えたアンケート結果を見せる。）実は残念で

すが、うちの学校でも「いじめ」があることがわかりました。そこで（「い
じめを止めるために**自分だからこそできることがある**」を提示し）今日
の不思議のタネはこれです。

S：何で「自分だからこそ」が太字になっているの？

☁。『問いを創る授業』を機能させるポイント

　直前に実施した「学校生活アンケート」の結果を見せることで、この学
年の中にも「いじめ」があることを確認します。ここでは一般論でのいじ
めではなく、「自分の身の回りに存在するいじめ」として自我関与できる
ようにすることで、いじめを止めるためにできることを具体的に行動レベ
ルで考えることがポイントです。

3．問いを創る（10分）

T：ではいつものように浮かんできた問いを道徳ノート（付録187頁参照）
　　に書いてください。

S（道徳ノートの記述）：「いじめを止めるために自分だからこそできるこ
　　とって何？」「どんなことでもいいの？」「自分だけができることなの？」
　　「いじめられているのを見たら止めることかな。」「人がされて嫌なこと
　　は何かを自分で考えてみることかな。」「自分がされたらどう思うのか考
　　え、『イジリ』や『ノリ』がエスカレートしないようにする。」「積極的
　　に声をかけ一人でいる子をなくす。」「見て見ぬふりをせずに注意する。」

☁。『問いを創る授業』を機能させるポイント

　ここでのポイントは自我関与です。不思議のタネの「自分だからこそ」
という言葉に注目し、一般的に言われているいじめの予防ではなく、いま
の自分の力でできることは何か、と、自分に問いかけることができるよう
にします。

4．問いを使う（15分）

T：道徳ノートに書いたものの中から、自分が「これだけは絶対にやる」と
　　思うものを1つ選び、宣言書（付録188頁参照）に書いてください。

S：（宣言書に記入する。）

T：宣言書を持って教室の中を自由に歩いて、出会った人に宣言をしてサインをもらってください。

S：（宣言書を持って教室の中を歩き、友達に宣言する。）

『問いを創る授業』を機能させるポイント

　「宣言」なので、自信をもって言えるようにします。また友達の宣言を聞いて黙ってサインをするのではなく、友達の宣言に対してエール（「いじめ、止めようネ！」「あ！私と一緒、がんばろうネ！」など）を送るようにしました。

５．まとめ（ふりかえり）（７分）

T：「いじめを止めるために自分だからこそできること」を考え、その後、友達の宣言を聞いて思ったことや気づいたことを道徳ノートに書いてください。

S（道徳ノートの記述）：「自分にもいじめを止めるためにできることがあることがわかった。」「小さな行動でもいじめは止められると思った。」「『おかしいことはおかしい』と言える人間になりたい。」「『いじめ』に気づけるようになりたい。」「『嫌なことは嫌』『やめてほしい』と言えるようになりたい。」

編者の視点

　いじめの定義と自分の考えるいじめ（既知）とのズレに気づかせた上での不思議のタネの提示。その中の「自分だからこそできること」というフレーズが、実際のアンケート結果と相まって、「自分の身の回りに存在するいじめ」として、どんどん自分に迫ってくる授業の構成でした。極めつけは、宣言書！まさに、いじめを止める空気に包まれた瞬間です。（鹿嶋）

不思議のタネ
「自分にけがをさせた友達のことを許す気持ちになった。」

教材名「なみだ」
内容項目「Ｂ－（９）相互理解、寛容」
教科書名『新しい道徳２』（東京書籍）
本時の目標➡「相手の心情をもとに、寛容な心をもつことを理解する。」

【生徒の創った問い】

・なぜＳ君の母は泣いたのか。

・なぜ主人公は泣いたのか。

・なぜ主人公はＳ君に心配かけないようにしようと思ったのか。

・なぜＳ君を許せたのか。

・自分だったら許せるだろうか。

・許すとは何か。

【その後の授業展開】

　生徒の問いの中から「自分だったら許せるだろうか」という問いに絞り、教材の登場人物が自分だったらどう感じ、どう行動するかを問うことで、道徳的な心情を理解させるようにしました。道徳ノート（187頁参照）に自分の考えを書くときには、「どういう理由でそう思ったのか」という考えの根拠を自分自身に問いながら書くよう指示しました。その後班でお互いの考えを出し合い、さらに「なぜ許すことが大切なのか」を教材で描かれる場面を手がかりに議論し、「許すこと」の道徳的価値の意味を考えました。

道徳科（１年）『問いを創る授業』実践例３

不思議のタネ

厚生労働省「人口動態統計」より

教材名「いのちって何だろう」内容項目「Ｄ－（19）生命の尊さ」
教科書名『新しい道徳１』（東京書籍）
本時の目標➡「『いのち』とは何かについて、自分のこととして考える。生命の尊さに関わる、ねらいとする道徳的価値に対して、多面的・多角的に考える。」

【生徒の創った問い】（拡散）

・「いのち」はどうして限りがあるのだろうか。

・「いのち」って何だろうか。

・人は「いのち」を失い、死んでしまうとどうなるのだろうか。

・どう生きれば「いのち」を大切にすることになるのか。

【その後の授業展開】

○生徒の問いの中から１つにしぼり、それについて考えたことをワークシートに書かせる。

『「いのち」とは何だろうか。』（収束）

・いのちは大切なもの。　　・生きることそのもの。

・人から与えられたもの。　　・自分が守るもの。　　・人に守られているもの。

　　個別→班→全体の流れで意見を出し合い、授業者は意見を黒板にマッピングで視覚的に提示しました。その後、授業者の問い返し「命はどうして大切なのだろうか」を考えさせることで、生徒は命の「連続性」「有限性」「関係性」「特殊性」「共通性」「平等性」「偶然性」「精神性」「神秘性」を感じ取りました。最後に生徒は「ある助産師さんのお話」の動画をみて、授業の感想をまとめました。

休校期間や
長期休業中の課題

江戸川区立葛西第三中学校　鹿嶋博章

　2020年度コロナ禍において、私は理科の担当教諭として受験を控えた中学3年生を受けもっていました。第1回目の緊急事態宣言が発令され、公教育の場が失われる中、休校期間で生徒たちのために何ができるのか考えていました。復習プリントの課題を印刷する先生たちの後ろ姿を見ながら、理科として学びの場をいかに提供すべきなのか？　考えた結果、改めて**「問いを創る授業」**をやってきてよかったと感じました。

　このような課題提出を実現することができた要因は、入学して今日に至るまで、この2年間で以下の3つができていたから成し得たのだと思います。まずはどのような仕込みをしてきたかについてお伝えします。

①1年生の最初の授業から仕込む
〜ひらめき脳を創る〜

　「理科を通じて、どんな自分になりたいですか？」

　最初の授業で必ず聞くことです。このように問われると、生徒たちの多くは「良い点数を取りたい」とか

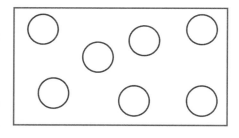

「実験が上手くできるようになりたい」と答えます。そこで、右図の絵を黒板に書いて、何に見えるかを問います。

　シャボン玉、チーズの穴、傘を指している人を上から見た図など自分が「見えた」と感じるイメージを出していきます。自分にはなかった新しい発想に出合う度に、生徒たちは「おぉ〜」「へぇ〜」と新たな気づきを得ていきます。そこで、生徒たちに話をします。

　「いま『おぉ〜』と思った人、『へぇ〜』と感じた人、おめでとうございま

す。みなさんの脳が１つ成長を遂げました！　人は新たな気づきを得たとき
に成長します。これをアハ体験と言います。これからみんなとたくさん考え、
気づき、互いに成長していきたいと思っています。」

　人工知能の発達と共に、我々自身も就労観をパラダイムシフトしなくては
ならない現在、生徒たちには学ばされている感を醸成するのではなく、主体
的に思考を深め、互いの発想を尊重し、自らの意見をもてる人に成長してほ
しいと考えています。

②毎回の授業でやる気を仕込む

〜外発的動機づけから内発的動機づけへ〜

　毎回の授業を楽しみにする生徒が増えたならば、教師はどれだけ幸せなこ
とでしょうか。意欲を育むことは非常に根気のいることかもしれません。た
だ、毎回の授業でやる気になる要素を仕込めたならと考え、ポイントカー
ド・ボーナスカード制度を導入しました。下図にあるカードをB5サイズの
厚紙に両面印刷し、裁断機でB6サイズにカットして、全員に配付します。

(表)

Point Card 〜ポイントカード〜

出席番号
氏名

1	11	21	31	41
2	12	22	32	42
3	13	23	33	43
4	14	24	34	44
5	15	25	35	45
6	16	26	36	46
7	17	27	37	47
8	18	28	38	48
9	19	29	39	49
10	20	30	40	50

/ point

振り返って…（自己評価）

(裏)

Bounus Card〜ボーナスカード〜

出席番号
氏名

1	11	21	31	41
2	12	22	32	42
3	13	23	33	43
4	14	24	34	44
5	15	25	35	45
6	16	26	36	46
7	17	27	37	47
8	18	28	38	48
9	19	29	39	49
10	20	30	40	50

/ point

鹿嶋に求めること・自分ができること

授業の開始時、机上に教科書、ノート、資料集を置き、このカードを一番上に置いていればポイントを1点GETできるというものです。提出物や宿題がある際には、それも含めて1点にしています。ここで得た点数は「主体的に学習に取り組む態度」の評価にカウントします。ポイントGETは外発的動機づけですが、これがやり方次第で徐々に、内発的動機づけへと変化していくところがすごいところです。

　要となるのがボーナスカードと書かれたカードです。こちらのカードは、授業準備がままならずポイントカードがもらえなかったときの救済措置という位置づけをしている一方で、内発的動機づけへと変化するためのスモールステップとして調べ学習の内容に応じてポイントを与えていきます。最初のうちは、たくさんポイントが欲しくて、意欲を見せる生徒たちですが、徐々に学ぶことの楽しさを感じていきます。

　実際に、2年生で出した調べ学習を1つ紹介します。「エビが進化したのがカニ！」という不思議のタネを提示し、調べ学習へとつなげていきます。ルールは①不思議のタネから問いを出すこと、②自らが出した問いを自ら課題解決すべく調査してくること。エビがどのように進化してカニになったのか？を調べてくる生徒がほとんどの中、エビとカニの分類学上の違いは1つしかないことに気づき、脚の数が変わるとどのような生物になるのかなど、他の生物に視点を切り替えられる生徒もいました。

　また、カニはこの先どのような姿に進化していくのか？　ヒトに置き換えるとどうなるのか？　など、問いが広がり、それらを掘り下げて学ぼうとする姿勢が感じられるものもありました。調べた内容は廊下に掲示するなどして必ず共有しています。

　また、本人たちにふりかえりをさせ、次の学習意欲につなげています。「調べ学習のお陰で、日頃の生活で疑問に思うことが増え、調べる楽しさを知った」と答える生徒が多くいます。

③自由研究で仕込む
〜好奇心をそそる学びの場の設定〜

　多くの学校で、夏休みに自由研究を出していることでしょう。私も同様に

自由研究を課題としていますが、好奇心をそそる学びの場を2つほど用意し
てあります。

　1つ目の学びの場は、夏休みのうち1週間、1日あたり半日～1日（部活
動の状況次第）理科室を開放し、自由研究を支援しています。「本当に筋肉
は電気で動くのかを実験するために、鶏肉に電流を流したい」「脱色作用の
ある物質を検討するために、大量のビーカーを使用したい」「鉱物を調査し
たいので、顕微鏡を用いて標本と比較させてほしい」など、自ら考えた研究
テーマに応じて、必要があれば理科室の使用を許可しています。

　また、何もアイデアが浮かばない生徒たちと、理科室で一緒に考えながら、
試行錯誤を繰り返しています。「やりたい」と感じたときに、「できない」と
いうのが最も興味をそぐものです。身の回りのもので代用することができれ
ばいいのですが、専門的な器具が必要な場合は、理科室で実験や観察ができ
るよう環境を整え、生徒たちが訪れるのを待っています。

　2つ目の学びの場は、研究内容を発表する場を設けています。本校では2
学期半ばに学芸発表会を実施しています。舞台発表のプログラムに、「理科
自由研究」を入れ、優れた研究成果をあげた生徒やユニークな研究を行った
生徒のうち2名を選出し、1人5分間で研究発表できる機会を設けています。
発表者には理科が好きな生徒もいますが、勉強ができるかできないかは関係
ありません。全校生徒の前でアウトプットの場を設けることで、発表後にた
くさんの友達からフィードバックを受けると同時に、次は自分があのステー
ジに立ちたいと思う生徒も出てきます。

　以上が、私がこの2年間で仕込んできた内容です。通常の授業内で「問い
を創る授業」を実践していることはもちろんのこと、これらの経験を積んだ
結果が、休校期間中の課題につながったのだと考えています。ここからは、
何を目的に、どのような不思議のタネを起爆剤に、生徒が自ら問いを立て、
課題に取り組んでいったのかをご紹介いたします。

■休校期間中に出した課題

不思議のタネ「クリップ同士を直接つないだり固体をはさんだりしなくてもLEDライトは光る！」

単元名「水溶液とイオン」
単元目標➡「水溶液に電流を流すと、流れるものと流れないものがあることを知り、その規則性について考えることができる。」

乾電池2本

LED

クリップ

クリップ

〜実験道具の作り方〜

①クリップを開きます。

②2本の乾電池を直列につなぎ、乾電池の＋極とLEDの長い端子をセロハンテープでつなぎます。

③最後に①で開いたクリップと乾電池のー極、LEDの短い端子をつないで完成です！

🎵 なぜ、この不思議のタネにしたのか？

　新型コロナウィルス感染症により、長期休校を余儀なくされる中で、受験生である中学3年生の生徒たちは多くの不安を感じていました。そこで、これまで授業で行ってきた「問いを創る授業」をレポート形式で行うことで、在宅しながら主体的に考え、かつ実験や観察を通じて楽しみながら学ぶことができるのではないかと考えました。また、授業が再開した際には、休校期間中に取り組んだレポートの内容がすでに3年生の学習内容に入っていたと気づくことで、学習の遅れに対する不安を少しでも払拭することができるのではないかと考え、取り組みました。

【不思議のタネの手助けとなるもの（配付物）】

・クリップ2本　・青色LED（VF 3.2V）1つ　※青色LEDを使用した理由は、乾電池で容易に発光させられること（赤・黄色を乾電池で発光させるた

めには抵抗器が必要)、まとめて購入すれば1つ辺り40円程度で手に入るからです。

【レポート用紙に書く内容について】

※基本的に夏休みの自由研究と同じです。

⓪問い…浮かんできた問いを書き出します。

①仮説…問いに対する自分の考えを書きます。

②実験方法…仮説を検証するための観察・実験のやり方を順に書きます。

③結果…②の実験から得られた結果を書きます。

④結論…結果から何が言えるかをまとめて書きます。

⑤考察…実験の結果に至った経緯(思考プロセス)を書きます。

⑥感想…やってみての感想を書きます。※必要に応じて参考文献も。

【生徒が自ら問い続けたくなるポイント】

　レポート形式なので、プリントを渡した後に「問いを創る」「問いを絞る」作業について、こちらからサポートすることができません。また、家庭学習になるため、グループワークを通じて互いの意見を交流する場をもてるわけではありません。したがって、最初にある程度のガイドラインを引いておく必要があります。今回のレポートであれば、実験道具の作り方までは指定しておきました。生徒が自ら考え、宿題であることを忘れて夢中になれるような内容がよいと思います。

【生徒のレポート内容】＊一部抜粋

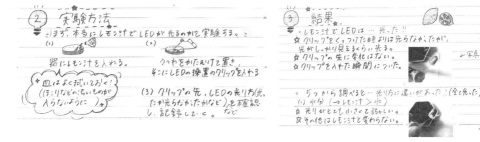

④ 結論

レモン汁には電気を通すはたらきがある。
また、レモン汁の酸味は LED の光を強くし、甘味は
光を弱くする。果物の汁には電気を通す
はたらきがある。
液体の状態を変えると光り方に違いがあったり
光らなかったりするが規則性は特にない。

⑤ 考察

よく光ったレモン汁、クエン酸、梅ぼし(の汁)、
ぶどう、オレンジ(柑橘類)、パイナップル、ピンクグレープフルーツ、
ドレッシングは全て酸性かアルカリ性であった。酸性とアルカリ性
には電流を流すという性質がある。よってこれらの液体
に電気が通ったのはその性質からと考える。しかし、

[欄外：今回はシーカサダゼリッシングを使用]

この中にない食塩水は中性である。食塩水に電流が
よく流れたのは、食塩がナトリウムイオン(＋)と塩化物イオン(−)
というものからできているからであった。水にとけると2つがバラ
バラバラになるため、片方のクリップ(＋)に塩化物イオン(−)
がひかれ、もう片方のクリップ(−)にナトリウムイオン(＋)が
ひかれたことで電流が流れ(電気を通し)た。その他に
も酸性・アルカリ性のものがあったが、全て電気を通して
いた。また、砂糖は −と＋に別れないため、電気を
通しにくかったと考えられる。電気を少し通したのは、砂
糖水の水が、水道水だったため、不純物が入りこんで
おり、かすかな電気を通した、と考えられる。(→後に
純粋な水(精製水)を使って実験した所、ライトは光ら
なかった。)最後に、油だけライトが光らなかったのは

油は絶縁体であるため、電流が流れなかった
と考えられる。

+2 クリップがさびたのは?
→食塩水の中の塩化物イオンが鉄(クリップ)のまわ
りにできた酸素と鉄が結び合った膜を溶かし、
その膜に穴があくことによってさびたと考えられる。

⑥ 感想

液体に電流が流れることにびっくりした。
手に水がついた状態でコンセントを触ってはいけない
理由も知れた。でも、油や精製水などなら触っても
いいんだなと思った(多分触らないけど)。クリップが
茶色になっていた時は爆発するんじゃないかと思い
あせったが、原理を知れて安じした。それと塾のオンライン
授業で言っていたことはよく分かんないことばかりだった
が、この実験をして調べていくことでほとんど理解
できたからよかった…！液体にも電流を流すもの、流
さないものがあることを知れた。

140

■長期休業中における課題　バリエーション1

不思議のタネ　「乾電池がなくても青色LED（VF 3.2V）は光る！」

【不思議のタネの手助けとなるもの】

・青色LED（VF 3.2V）　1つ

　こちらは、先ほどご紹介した「不思議のタネ」の次に提示したものです。青色LEDはすでに生徒たちに渡したものを使いました。生徒たちからは、「乾電池の代わりになるものは何か？」「発電機のことを言っているのかな？」「青色LEDの後ろに書いてあるVF 3.2Vって何？」という問いが出てきました。

　また、結果として「シャーペンの芯とアルミニウムはくを用いた炭素電池」「1円玉と10円玉を用いた化学電池」「鉛筆の芯とスポーツドリンクで作った燃料電池」など、さまざまなアイデアが出てきました。

■長期休業中における課題　バリエーション2

不思議のタネ　「口で直接息を吹き込んだり、ストローなどを使わなくても風船はふくらむ！」

【不思議のタネの手助けとなるもの】

・風船1つ　・重曹（3.0g）

　重曹は必ず使用するものではなく、必要なら使ってくださいという程度に留めました。生徒たちからは、「口以外に空気を吹き込む方法はないのかなぁ？」「重曹がついているから何かと混ぜるのかな？」という問いが出てきました。また、結果として「容器の中に重曹とお酢やレモン汁を入れてふくらませる方法」「瓶に水を入れ加熱した蒸気でふくらませる方法」子どもらしい発想としては「炭酸飲料水を振ってその出てきた気体でふくらませる方法」など、状態変化と化学変化を利用したものが見られました。

コラム ③ 中学校こそ「教科の見方・考え方」を軸にした不思議のタネを

　高知県教育委員会事務局学力向上総括専門官の齊藤一弥氏によると、「『教科の見方・考え方』とは教科等の特質に応じてどのような視点で物事を捉え、どのような考え方で思考していくのかという物事を捉える視点や考え方のことである。また『見方』とは、教科で身につける知識・技能等を統合および包括する『キーとなる概念』であり、『考え方』とは、教科ならではの認識や思考、表現の『方法』のことである。子どもがそれまでの学習等で身につけた『概念』や『方法』が整理されたものが『見方・考え方』であり、子どもはこれらを働かせることによって『深い学び』が期待する教科らしい問題解決を進めることが可能になる。」*1) と述べています。

　いままでの「何を教えるか」のコンテンツ重視の授業から「どのように学ぶか」の授業への脱却を図ろうとしているいま、「見方・考え方」という教科ならではの対象への関わり方やアプローチの仕方を再確認することは、私たち指導者にとって一貫した指導を意識するためには重要なことだと考えます。また、授業を受ける側の子どもにとっても、それぞれの教科の学び進む方向がはっきりしたものとなります。

　「見方・考え方」は教科ごとの特質がありますが、同時に各教科を結ぶものでもあり、教科等の教育と社会をつなぐものでもあります。94〜98頁に掲載されている美術科の実践例では、絵画を鑑賞する際に社会科で身につけた「見方・考え方」を働かせて、歴史的背景と当時の社会情勢や人々の暮らし・心情を考える展開となっています。これからの子どもたちは、各教科で身につけたさまざまな「見方・考え方」というメガネで世の中の事象を理解し、思考していくことになるでしょう。このような深い学びの実現には、子どもたちが「見方・考え方」を働かせて思考するように単元レベルで授業を構成し、単元を貫く「不思議のタネ」を提示することが求められます。

＊1）齊藤一弥・高知県教育委員会編著『新教育課程を活かす能力ベイスの授業づくり』ぎょうせい、2019年。

第**4**章

問いを創った
後の授業

1 「問いを創る授業」は、課題解決のはじまり

❶ 問いを創った後は何をするの?

　「問いを創る授業」をはじめたばかりの先生から、「問いを創るのはいいのですが、問いを創ったあとは何をすればいいのでしょう?」と聞かれることがあります。これは問いを創ることだけに意識がいってしまったためです。

　授業は、その授業を行っている単元の目標を達成するためにあります。「問いを創る授業」も例外ではありません。「問いを創る授業」を行うことで、より効果的にその単元の目標を達成することをねらいとしています。効果的にというのは、「問いを創る授業」を行うことで、生徒がより興味関心をもち、主体的に授業に参加し、授業や単元のねらいを達成できるということです。

　これまでの章でお伝えしてきたように「問いを創る授業」は、それ単体で見た場合でも、生徒の授業に対する自我関与を高めたり、問う力を育成したり、他者との協働を促したりといった効果があります。問いを創る目的は、物事を疑問に思う態度の育成、疑問をもって物事を見る能力を養うことであり、自分は何を知りたいのか、何を解決したいのかを知ることなのです。そして「問いを創る授業」を繰り返し行うことで、問いを創るスキルの練習もしています。問いを創ることは第1段階なのです。問いを創ったらそれを解決しなければ意味がありません。問いを創ったあとの授業は、自分たちの問いを解決していく授業になります。

　「問いを創る授業」はその1コマだけで存在しているわけではなく、単元指導計画、年間指導計画の一部として存在しています。「問いを創る授業」を考える場合、単元指導計画の中の1つの授業として考える必要があります。

　当たり前の話ですが、「問いを創る授業」では生徒が問いを創ります。では、何のために問いを創るのかと言えば、生徒に「知りたい!」と思ってもらうためです。何を「知りたい!」と思わせたいのかと言えば、その単元で生徒

に身につけてもらいたいことです。

　これは「不思議のタネ」の創り方にも関係していますが、授業や単元のねらいと一致した、あるいは、ねらいに関連した問いを生徒にもたせられるといいのです。生徒が抱いた問いを解決する過程で、その授業や単元のねらいが達成できるようにすればいいのです。「問いを創る授業」は、単元のねらいを達成するためのきっかけなのです。つまり、問いを創った後の授業は、問いを解決することで、単元の目標を達成するための授業になります。

　では、問いを解決するための授業はどのようなものなのでしょうか。それは特別な授業である必要はありません。いままでみなさんが行ってきた授業を行えばいいのです。一番単純な方法としては、一般的な講義形式の授業です。体系的に知識・技能を学ぶ従来の授業であっても、その前に「問いを創る授業」を行うことで、生徒は自分の問いの答えを探しながら授業を受けます。そして、授業の中で自分の問いの答えを見つけられることで、より授業への参加意欲を促します。

　また、自分たちが創った問いを解決するために、実験を行う、何かを観察する、あるいは図書館や PC で調べ学習をするという授業でもいいのです。すぐに答えが出せないような題材では、グループやクラスで議論して自分の考えを整理するのもいいでしょう。

　ある学校で「あのバンクシーが地下鉄の中に絵を描いた」を不思議のタネとして道徳の授業を行いました。バンクシーが地下鉄に絵を描いたことの是非を議論するものです。こうした授業では、どちらがよいかなど結論を出せるものではありませんが、他者の考えを聞き、自分の考えを整理し修正しながら少しずつ自分なりの納得解を作り上げます。つまり、単元の内容や題材に応じて、問いを解決するためにどのような授業をすればよいかを考えればいいのです。

　「問いを創る授業」に生徒も教師も慣れてきたら、解決するためにどのような手段を用いるのかを生徒に考えさせるのも有効です。授業の進め方に生徒が自我関与するのですから、より意欲的に生徒が授業に参加することが期待できます。また、どのようにこれからの授業を進めるかを生徒が決めるのですから、生徒に自己決定感や自己存在感をもたせることにもつながります。

❷ 問いを創った後には何があるのか

　前の項では、「問いを創る授業」の後の授業について触れてきました。ここではもう少し細かく問いを創った後のことを考えてみたいと思います。

　図1は1コマの問いを創る授業の大まかな流れを示したものです。

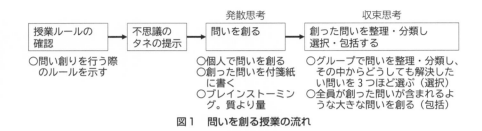

発散思考　　　　　　　　収束思考

授業ルールの確認	→	不思議のタネの提示	→	問いを創る	→	創った問いを整理・分類し選択・包括する

○問い創りを行う際のルールを示す

○個人で問いを創る
○創った問いを付箋紙に書く
○ブレインストーミング。質より量

○グループで問いを整理・分類し、その中からどうしても解決したい問いを3つほど選ぶ（選択）
○全員が創った問いが含まれるような大きな問いを創る（包括）

図1　問いを創る授業の流れ

　不思議のタネが示されて、個人で問いを創り、さらにグループで問いを選択または包括することで問いを収束させています。問いを収束させるということは、たくさん創られた問いの中から、どうしても解決したい問いを選ぶ、または、自分たちが創った問いがすべて包括されるような大きな問いにまとめるということです。選択するにしても、包括してまとめるにしても、どちらもグループの生徒が解決したいと考える共通の課題を決めているのです。つまり、「問いを創る授業」は、不思議のタネをきっかけとして、生徒たちの**共通の課題**を見つけるためのプロセスであると言い換えることができます。

　前項でご説明したように、「問いを創る授業」の後は問いを解決するための授業になります。ですから、ここで生徒たちが決めた共通の課題は、それを解決する過程で単元の目標が達成されるようなものでなければなりません。共通の課題を解決することが単元の目標達成につながるように不思議のタネや授業展開を考えます。

　問いを収束させる方法には、第2章でご説明したように大きく3通りの方法があります。選択型収束方法はもちろんですが、包括型収束方法でも厳密に言えば生徒全員の問いが反映できない場合もあります。個人の問いから共通の課題ができるのですが、どうしても共通の課題に当てはまらない場合も出てきます。前にご説明したように、生徒の問いはほぼイコール生徒自身で

す。もし共通の課題に当てはまらない問いがあった場合は、生徒のノートに貼り「いまは解決できない問い」などとして整理させるのもいいでしょう。あるいは、先の単元や学年で扱う内容であれば、それを予告してあげるのも1つの方法です。また、宿題や自由研究にするのもいいでしょう。いずれにしても、生徒が創った問いを大切に扱うことが必要です。

❸ 「問いを創る授業」は深い学びにつながる「課題設定解決学習」

ここまでお読みいただくと、「問いを創る授業」はただ問いを創るだけの**授業ではない**ことがおわかりになると思います。私たちは『たった一つを変えるだけ』（前掲）からヒントを得て「問いを創る授業」を考案しました。初期の頃は、不思議のタネをもとにいかに問いを創るかということに焦点を当ててきました。しかし、現場の先生との実践の中で改良を重ねるうちに、「問いを創る授業」は、それ単体で存在するものではなく、生徒が自分で課題を設定し解決していくプロセスなのだということに気づきました。

前項で、「問いを創る授業」は個人の問いから**生徒が解決したい共通の課題を見つけるためのもの**であり、「問いを創る授業」の後の授業は、問いを**解決するための授業である**とお話ししました。つまり、「問いを創る授業」と名づけていますが、「問いを創る授業」は、**生徒が自ら課題を設定して、それを解決していく中で、教科の目標を達成していく一連のプロセス全体を指す**のです。私たちは「問いを創る授業」を「課題設定解決学習」なのだと考えています。ここまでご説明した「問いを創る授業」の流れを整理すると次頁の図2のようになります。平成28年度に出された中央教育審議会答申[*1)]では、深い学びの例として、「事象の中から自ら問いを見いだし、課題の追究、課題の解決を行う探究の過程に取り組む」としています。（波線は著者）これはまさに「問いを創る授業」が行っていることです。

生徒は、不思議のタネをきっかけとして、問いを創ることを通して授業や

＊1）「幼稚園、小学校、中学校、高等学校及び特別支援学校の学習指導要領等の改善及び必要な方法等について（答申）」補足資料（平成28年12月21日）

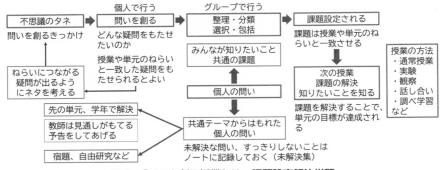

図2　「問いを創る授業」は、課題設定解決学習

授業の内容に自我関与します。問いを創る過程では、対象との対話、自問自答が繰り返されます。そして、仲間と対話することで自分たちの考えを整理し、共通の課題を設定します。課題が設定された後の授業は、それを解決することを通して教科の目標を達成する授業が行われます。その課題を解決する過程でさらに新たな問いが生まれることもあります。

　図3は「問いを創る授業」の構造をイメージ図にしたものです。私たちは、「問いを創る授業」を繰り返し行う中で、生徒が学びのサイクルに気づくことを期待しています。特に中学校段階では、ただ問いを創り解決するだけではなく、そこから新たな問いを見出して解決していこうとする態度を養うことをねらっています。もちろん、小学校でも6年間継続して「問いを創る授業」に取り組んでいれば、中学校でなくとも同様のことが期待できます。また、「問いを創る授業」ではなく通常の授業、あるいは日々の生活の中で自分で不思議のタネを見つけて問いを創り、解決していく力や態度を育成することもねらっています。

❹　学びのサイクルに気づかせる

　前項で学びのサイクルについて触れました。では、「問いを創る授業」をやっていれば、自然に生徒は学びのサイクルに気づくのでしょうか？　当然、気づく生徒もいれば気づかない生徒もいるでしょう。そこで大切なことは教師が、生徒が行っている学習活動に価値づけをして生徒に意識させることです。

　例えば、問いをグループで出し合い「自分の考えと比較する」ことは、自他

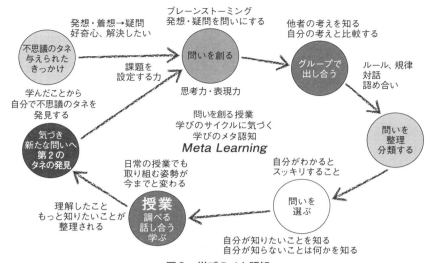

図3　学びのメタ認知

の考えの同じところ、異なるところ、自分にはないものなどを意識して聴くこと。あるいは、問いを収束させるプロセスは、「みんなが知りたい共通の課題を設定している」などと、生徒が行っている活動にどのような意味や価値があるのかを示してあげることが必要です。課題を解決していく中、生徒が新たな問いを思いついたら、「何がその問いを思いつく不思議のタネになったの？」などと生徒が自分で不思議のタネを見つけて問いを創ったことを意識させます。

　話は少し横道にずれますが、こうしたことは「問いを創る授業」に限ったことではありません。他の授業でも、生徒指導の場面でも生徒が行っていることを教師が価値づけることで生徒はその活動の意義を知り、意義を意識し、そこから学ぶことができます。ほんの一言の教師の声かけが大切です。

　反対にただ生徒に活動をさせているだけだと、生徒はその活動の意義がわからず本来学べることが学べなくなります。例えば、学級活動では身近な人間関係の形成の仕方を学習しています。将来の家庭や職場での人間関係形成のもととなる力をつけているのです。そのことを教師が意識していて生徒にわかるように伝えることで、生徒は学ぶことができます。「問いを創る授業」でもいまは何のための活動なのかを生徒に意識づけることが大切です。

2 | 「問い」には種類がある

❶ 課題設定に向けた問いと、課題解決に向けた見通しをもった問い

　ここでは、生徒が創る問いの種類について考えていきたいと思います。生徒が創る問いには種類があります。種類といっても内容の違いではありません。「問いを創る授業」を行う際、生徒は不思議のタネを見てたくさんの問いを創ります。これらの問いは、生徒にとって、疑問・知りたいこと・解決したいこと、あるいは自分の考えではうまく説明できないことなどです。

　これらの問いをグループで整理・分類し、選択または包括することで問いを収束させます。そしてグループのみんなが解決したい共通の課題設定がされます。

　つまり、これらの問いは、生徒の疑問・知りたいこと・解決したいことであり、共通の課題設定のための問いです。生徒は自分たちの創った問いを、みんな同じ種類の「問い」と思っています。

　しかし、生徒は自分たちでは気づかないうちに違う種類の問いも創っているのです。それは課題解決に向けた見通しをもった問いなのです。別の言い方をすると、解決のための仮説とも言えるでしょう。

　生徒たちの問いを見ていると、「○○とは何だろう」、「なぜ○○になるのだろう」、「どうすれば○○できるのだろう」、「本当に○○なのだろうか」などのような問いがあります。これらは、対象の物について知りたい、そのようなことが起きる理由、原因が知りたい、その現象を起こす方法を知りたい、そのことの真偽を知りたいなどということです。

　こうした基本的に「知りたい」という問いが多いのですが、なかには課題解決に向けた仮説が問いとして現れることがあります。「もしかしたら、あれは○○のせいなのかな？」や「○○と△△が関係しているのかな？」などは、問いの形を取っています。前者はその現象の原因について予想していま

す。後者は２つの事象に関係があるのではないかと予想しています。これらは、課題解決に向けた生徒なりの見通しをもった問いなのです。

　つまり、課題を解決するための予測、予想、見通し、考え（理論）などが問いの形をして現れているのです。生徒は問いを考えると同時に、自分では意識せずに、課題解決のための仮説を創っていることがあります。ほとんどの生徒は、自分の創った問いの中に「知りたいこと」と「課題解決の仮説」が混ざっていることに気づいていません。

　「問いを創る授業」をはじめたばかりの頃は、これらの問いを区別せず同じように扱って構いません。しかし、ある程度、この授業方法に生徒も教師も習熟してきたら、問いには仮説が混ざることがあることを生徒に気づかせるといいでしょう。仮説は課題解決の第一歩です。生徒は課題解決に向けた見通しをもっていることでより積極的に授業に参加できます。

❷ 見通しをもった問いを創るには

　生徒は問いを創る際に、生徒自身の既習事項や経験をもとに創っています。つまり、対象物と他のことを関連づけて考えているということです。過去に類似することを他の教科で習ったのかもしれません。あるいは自分が経験したことの中に似たようなことがあったのかもしれません。この「対象物と他のことを関連づける」ことは、深い学びを行う上でもとても大切なことです。

　生徒が創った問いの中に、見通しをもった問いが含まれていたら、それに気づかせ、さらに何からその考えが浮かんだのかを意識させることが大切です。生徒が何と何を関連づけたのかです。生徒が無意識に行っていたことを、教師が指摘して意識させ、それを価値づけることで、物事を他のことと関連づけて考える態度を身につけることが期待できます。一度そうしたことに気づくと、生徒は見通しをもった問いを意識的に創れるようになります。そして通常の課題設定に向けた問いとは分けて考えられるようになります。

　上の方法では、生徒が偶然に見通しをもった問いを創った機会を利用するのですが、意図的に見通しをもった問いが出やすくすることもできます。基本的に「問いを創る授業」では生徒に問いの創り方を質問されても、教師は

どのような問いを創ればよいのか例を出してアドバイスすることはしません。

　教師が例を示すと、生徒に「こういう問いを創ればいいのか」と思わせてしまい、問いの方向性を決めてしまうからです。しかし、どうしても問いが創れない生徒に対して、「問いは、いつ、どこで、誰が、何を、なぜ、どのように、などの言葉からはじまります。」などと問いの形を示すことがあります。

　また、小学校では、子どもたちがまだ問い創りに慣れていないときに、教師が「問いの文末が『〜かな』、『〜なのかな』、『〜だろうか』をつけて創ってみよう。」などと言うことがあります。授業中に「かなかなタイム」などとして問い創りをしている学校もあります。この『〜かな』、『〜なのかな』、『〜だろうか』を使うと見通しをもった問いが出やすくなります。

　どちらの方法でも構いませんが、生徒が「問いを創る授業」に慣れてきたら、自分たちが考えていることは何なのかふりかえらせ、物事を関連づけて考えることを意識できるようにするといいでしょう。

3 | 「問いを創る授業」は 3 段階

❶ 問いを創り、問いを解決し、活用し転用する

　「問いを創る授業」では、不思議のタネを見て、生徒が問いを創ります。そしてその問いを選択・包括して収束させることで、課題の設定を行います。ここまでが第 1 段階で、「問いを創る授業」の本体の部分です。

　問い創りを通して、生徒に自我関与させ、主体的に取り組む姿勢をつくります。そして、グループでの対話を通して問いを収束させることで、共通の課題設定を行います。

　次は、「問いを創る授業」ではありませんが、問いを解決するための授業が行われます。生徒は「問いを創る授業」を通して、課題設定に自我関与していますから、この後の問いを解決する授業でも生徒がより主体的に取り組むことが期待できます。

　そして、生徒は問いを解決することを通して、その教科が目標としていることを学んでいきます。その過程でまた新たな問いが生まれ、さらに課題が設定され、新たな学びがはじまるかもしれません。「問いを創る授業」では、そうしたサイクルを続けることで生徒が「学び方を学ぶ」こと、学びのメタ認知が起こることを意図しています。ここまでが第 2 段階です。

　そして、さらに第 3 段階として、学びを汎化させることを意図しています。学んだことを何かに活用することは当たり前のことです。ただ単に活用するだけでなく、私たちは学んだことを全く異なることに当てはめて活用できる力を育成することを意図しています。

　汎化（般化）とは心理学の用語で、「ある特定の刺激と結びついた反応が、類似した別の資源に対しても生ずる現象（『大辞泉』小学館）」という意味です。前節で「対象物と他のことを関連づける」ということをお話ししました。しかし、私たちが最終的に目指しているのは、これをさらに拡大したものです。

153

つまり、自分が学んだことを全く異なる分野でも、その構造などに類似性を見出し当てはめて活用できる力です。心理学の言葉を借りていうならば「学びの汎化」です。汎化とは、学習によって習得したことが、その具体的現象を離れ、法則となって定着することです。またこれは学習の転移のときの重要な条件の1つとされています（『精選版日本国語大辞典』小学館）。

　これは学習指導要領で言われている教科の「見方・考え方」に通じるものです。例えば、国語で学んだことを全く関係のない理科の分野で活用できる……ということです。私たちはこの「学びの汎化」を**「転用力」**と名づけました。

　『広辞苑第七版』を見ると、「転用とは、本来の用い方をしないで、他の用途に用いること」としています。つまり、学んだ本来の目的だけではなく、学んだことを全く異なることにも当てはめて活用できる力です。「問いを創る授業」を継続的に実施することで、生徒が学び方を学び、さらに転用力が身につくことを意図しています。

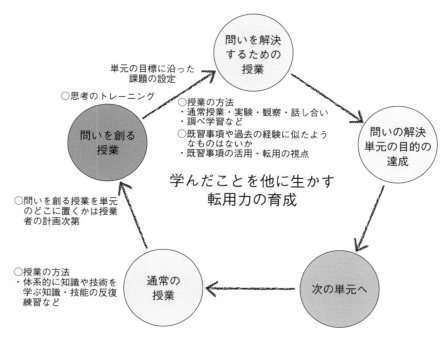

図4　単元の中で「問いを創る授業」を行う場合のイメージ

❷ 「転用力」こそ、これからの時代に必要な力

　現在の社会は、変化が激しい時代です。情報の伝達速度や移動の速度はどんどん速まり、人々が移動する範囲も広範囲にわたっています。いままで以上に多種多様な人々と共に協力して社会を形成していかなくてはなりません。

　一方で、新型コロナウィルスの流行やいままでにない大規模の自然災害の発生など、予測しなかった未経験のことが起こっています。こうした時代を生きていくためには、物事を柔軟に捉える力が必要です。自分の目の前の課題に気づき、学んだことを、自由に関連づけて、あるいは当てはめて活用し、他者と協力して解決できる力、「転用力」が求められていると私たちは考えています。

　私たちは、生徒が「転用力」を身につけるために「問いを創る授業」が有効だと考えています。「問いを創る授業」を学校全体で取り組んだ場合、すべての教科、領域で問い創りが行われます。中学校であれば3年間、生徒は「問いを創る」ことを継続的に行います。

　つまり、生徒は日常的に「問う」ことをするわけです。認知心理学に「活性化拡散モデル」という用語があります。これは、人間が獲得した概念同士が脳内でネットワーク構造として保存されていることを前提としています。脳内である概念が想起されることで、関連する概念も活性化され、概念の利用が促進されることを言います。長期記憶に格納された情報は、その使用頻度が高いほど、あるいは使用されたのが最近であるほど引き出しやすくなります。このことを記憶の活性化と言います。

　ある情報が活性化されると、その情報に関連した情報も活性化されます。例えば、「水」という情報が頭の中で処理されると、これに関連した「海」、「川」、「雨」、「ダム」などと人によって想起されることは違いますが、その情報と関連した情報が思い出しやすくなり連想されていきます。

　日頃から「問いを創る」習慣をもつことで、頭の中のさまざまな情報を結びつけやすくなることが期待できます。話は少しずれますが、著者（石黒）が尊敬している、米国の精神科医ミルトン・エリクソン博士[2]は、患者との面接のときに、逸話や比喩をよく使いました。直接、患者の問題となるこ

とに触れるのではなく間接的に例え話などを用いて話したのです。つまり、患者がエリクソンの話を聞きながら、連想したり想起したりすることを期待していたのです。患者自身が自分で思いついたことは、人に指示されたことよりも、よりモチベーションがもてるものです。

　もちろん、人はある問題に対して起きている間ずっと考え続けているわけではないのですが、こうした思考は無意識が継続してくれています。フランスの数学者であるポアンカレは、インキュベーション（incubation）という言葉を使って次のように言っています[3]。

　「生み出したいアイデアについて考え抜いたあと、アイデアに関することから離れて別の作業をしたり休息をとったりしているとアイデアがひらめく。」

　つまり、無意識に任せているのです。考えることを意識では中断していたとしても、無意識は考え続けています。無意識は中断した対象の知識を考え続けていますから、それに類似したこと、関連した情報も活性化されています。問いを創ることを日常的に続けることで、意識して考えていないときもさまざまな記憶が活性化され、多様な知識が思い出しやすくなります。つまり、思わぬもの同士が急に結びつき、転用が起きやすくなるのです。

　これからは学んだことを積極的に人生や社会に生かそうとする態度が求められています。学んだことをそのことだけではなく、さまざまなことに転用し生かしていく力が必要になります。

　「問いを創る授業」を行うことは、思考のトレーニングを行うことです。思考したり、人と議論したりするためには、そのための材料が必要です。その材料となる基礎基本を身につけるためには、従来行われてきた体系的に知識や技能を学ぶ授業や学んだことを反復練習することも大切です。私たちは多くの学校が、従来型の授業もやりつつ、「問いを創る授業」を計画的、継続的に行うことで、これからの時代に必要な転用力を生徒が身につけていくことを願っています。

＊2）ミルトン・エリクソン（Milton Hyland Erickson,1901-1980）米国の精神科医、心理療法家。
＊3）ポアンカレ著、吉田洋一訳『改訳　科学と方法』岩波書店、1953年。

「問いを創る授業」は
成長する授業方法

　ここまで、「問いを創る授業」や問いを創った後の授業のことについて触れてきました。ここでは、「問いを創る授業」の習熟についてご説明したいと思います。

　「問いを創る授業」の基本的な形はどの校種、学年で実施しても同じですが、「問いを創る授業」の習熟度により、何に力を入れるかが変わってきます。小学校1年生で初めて「問いを創る授業」を行うのと、6年間継続して問い創りをやってきた6年生では、当然力を入れるところが異なってきます。

　同様に、初めて中学校で「問いを創る授業」を行う中学校1年生は、授業で扱っている内容こそレベルが高いですが、「問いを創る授業」の重点を置くところは、小学校1年生と同じレベルになります。

　問い創りは慣れることが必要です。「問いを創る授業」では、問いを創ることを思考のトレーニングとして位置づけています。はじめたばかりの頃は、うまく問いを創ることができません。「問いを創る授業」では、グループで互いに創った問いを紹介し合います。お互いに他者の創った問いを見ることで問いの創り方を学ぶことができます。

　ですから、「問いを創る授業」を継続することで生徒の問い創りは次第に上達していきます。問いを整理・分類することや、問いを選択・包括する収束も同様です。収束のさせ方も、やはり他のグループが行っている分類や整理の仕方、収束の方法を互いに見ることでより向上していきます。こうしたことは生徒だけに言えることではなく、教師も同様です。

　不思議のタネをどのような表現にすると、生徒から期待する問いが出てくるのか、どのような言葉かけをして、生徒に何を意識させると単元の目標に沿った課題設定ができるかなど、授業を重ねるほど上達します。そうした意味でも「問いを創る授業」は学校全体で取り組むことでより効果が上がると言えます。生徒も教師も「問いを創る授業」に慣れることが大切なのです。

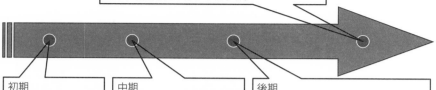

発展期
日常にあるものを不思議のタネとして問いを創ることに習熟する。
問いの整理・分類、選択・包括など収束のための多様な情報操作に習熟する。
問いを収束させて課題設定し、課題解決をする。
課題解決を通して学んだことを他のことに活用したり、転用したりしようとする。

初期
問いを創ることに慣れる。
問いを整理・分類し、選択・包括の方法を知る。
ある程度教師主導の収束。

中期
問いを創ることに習熟する。
問いの整理・分類に慣れ、問いを収束させて課題設定をする。
自分たちの知りたいことは何なのか意識する。

後期
問いを創ることに習熟する。
問いの整理・分類、選択・包括など収束のための多様な情報操作ができる。
問いを収束させて課題設定をする。
課題解決に対する見通しをもつ。
不思議なタネは身の回りにあることに気づく。

図5　「問いを創る授業」の習熟度の段階イメージ図

　まずは、生徒が問いを創ることに慣れ、問いの整理・分類、選択・包括の方法を学び、自分たちは何を知りたいのか、何を解決したいのかを知り、課題設定できるようになることが大切です。

　「問いを創る授業」では、不思議のタネをどのようなものにするか、どのような方法で選択・包括させて問いを収束させるかということが重要です。特に「問いを創る授業」をはじめたばかりの頃は、生徒の興味関心を引くために、不思議のタネをどのようなものにするかが重要なポイントになります。どのような不思議のタネにすると生徒の反応がよかったか、単元の目標に関連する問いが生まれたか。どのような収束方法が効果的だったかなど、蓄積データ[4]を用いて教師が効果的だった方法を共有し、学校全体で取り組む[5]ことでより早く「問いを創る授業」の効果を挙げることができます。

　図5は、「問いを創る授業」の習熟度により、どのようなことに重点を置くかというイメージです。

＊4）鹿嶋真弓『うまい先生に学ぶ実践を変える2つのヒント　学級経営に生かす「シミュレーションシート」と「蓄積データ」』図書文化社、2016年。
＊5）鹿嶋真弓・石黒康夫『子どもの言葉で問いを創る授業　小学校編』学事出版、2020年、132頁。

　厳密なものではありませんが、私たちは「問いを創る授業」が、概ねこのような習熟段階になると考えています。幼稚園や小学校1年生から「問いを創る授業」をはじめる場合は、初期からはじまって発達段階に合わせて習熟度をあげていきます。

　どの学校段階でも「問いを創る授業」をはじめたばかりの頃は、初期の段階に重点を置くことからはじめて徐々に習熟度を上げていきます。上の学校段階ほど習熟のスピードは早くなると考えられます。

　この図は、生徒の習熟の度合いをイメージしていますが、教師も同様に考えることができます。「問いを創る授業」をはじめたばかりの頃は、生徒が興味関心をひきやすく、単元の目標に関連する問いが出るような不思議のタネを工夫することに重点を置きます。生徒が「問いを創る授業」に慣れてくると、「不思議」でなくともどんどん問いが創れるようになるので、問いを用いて思考することに重点を置く授業展開にします。「問いを創る授業」は生徒も教師も成長しながら進められる授業なのです。

コラム④ 「問いを創る授業」をすべての授業で行うことで、学校のスタンダードに

　一昔前の中学校では授業研究を進めることにとても苦労をしていました。それは中学校が教科担当制であるがゆえに、授業研究会を行っても「他の教科のことはわからない」とか「教科の専門性がない私たちが他の教科の授業について意見を述べることははばかられる」といった考え方の教員が多くいたからです。そのためになかなか授業研究が進まず、チョーク1本で進める旧態依然の授業からなかなか脱することができませんでした。中学校で教科の専門性が求められることは当然ですが、新学習指導要領で述べられている「どのように学ぶか」については、教科が違っても同じ土俵の上で意見を交わすことができるのではないか？　私は今回の学習指導要領の改訂を「これはチャンスだ」と捉えました。

　また、中学校になると子どもたちの教科の好き嫌いが小学校に比べてよりはっきりしてくるように感じます。その背景には教科ごとの理解の困難さもあると思いますが、授業の進め方も関係しているのではないかと思います。「問いを創る授業」に出合ったときに、すべての授業を同じ展開で進めることができたら、子どもたちが安心して授業を受けることができるのではないかと考えました。「問いを創る授業」や「不思議のタネ」という言葉が全教職員だけでなく全校生徒の共通言語となることで、授業のスタンダードが確立します。

　いま、教育現場では若い先生たちが急増していますが、授業や学級経営で苦戦して、志半ばで辞めていく人も少なからずいます。そのような若い先生たちの授業力をアップする1つの方法としても「問いを創る授業」はきっと力になれるはずです。ちなみにスタンダードが定着するために求められるものは以下の3つです。

　①すべての教科・すべての授業・すべての教員で行うこと

　②やり方に差が出ないようにすること

　③楽しみながらやること

（出典：前掲『うまい先生に学ぶ実践を変える2つのヒント　学級経営に生かす「シミュレーションシート」と「蓄積データ」』）

先生たちのやる気が UP する「問いを創る授業」

元高知県高知市立城西中学校校長　吉本恭子

■ひらめき体験教室の姿を日々の授業で

「もっと時間を延長してください」「あと5分考えさせてください」これは、ひらめき体験教室（15頁参照）をやった際に、必ずと言っていいほど生徒たちから出される要求です。

「もっと考え続けたい」「みんなと一緒に考えることが楽しい」という思いからひとりでに口を突いて出る言葉でもあります。ひらめき体験教室で謎を解く過程では、早く答えを導き出したい思いだけでなく、みんなで協力して考える過程そのものを楽しんでいる様子が伺えます。頭を突き合わせ「ああでもない。こうでもない」と各自が考えたことを自由に言い合い、「なるほど」とか「それいいかも」とか「すげぇ〜」という言葉があちこちのグループから聞こえてきます。

普段の教室でもこんな授業ができたら、勉強の苦手な生徒たちが机に突っ伏したままだったり、エスケープしたりする（当時教頭として勤務していた学校では数人いました）生徒が減るのになぁと思っていました。

そんなときに出合ったのが鹿嶋先生から紹介された『たった一つを変えるだけ』という本であり、「問いを創る授業」でした。

当時勤務していた学校には不登校の生徒や学習に苦戦している生徒が少なからずいましたが、少しずつ学校が落ち着き、学校経営の重点を生徒指導から授業づくりにシフトする時期でもあり、学校長と話し合って新しい学校教育目標として「授業を大切にする学校」を掲げました。

その翌年に人事異動で、今度は校長として学校経営を切り盛りする立場になったときに、真っ先に思い浮かんだのが「問いを創る授業」を本校の授業のスタンダードにしたいという思いでした。

161

■研究主任と二人三脚で歩みはじめる

　本校は高知市のほぼ中心部に位置し、校区には坂本龍馬生誕の地があり、記念碑や「龍馬の生まれたまち記念館」など坂本龍馬に関する建造物が数多くあります。また校区の南側には龍馬が幼い頃泳いだとされている鏡川が流れる閑静な住宅街の一角にあります。龍馬の誕生日の11月15日には龍馬誕生地碑の前で「坂本龍馬誕生祭」が開催され、生徒会の役員が碑の前で決意表明を行います。ボランティア活動が盛んで、校舎の前にある大膳町公園の清掃活動や地域の方と共に防災訓練も行っています。生徒数は320名ほどの中規模校で、3つの小学校から入学してきますが、そのうち2つの小学校は特認校（校区外からも入学できる制度の学校）であるため、校区外から通学している子どもたちが多く入学してきます。

　私が本校に赴任したのは平成29年4月で、その直前の3月31日に幼稚園教育要領、小・中学校学習指導要領が公示され、これからの社会で活躍する子どもたちに育成を目指す資質・能力として、生きて働く「知識・技能」、未知の状況にも対応できる「思考力・判断力・表現力等」、学びを人生や社会に生かそうとする「学びに向かう力、人間性等」が示されたばかりでした。

　今回の改訂では教える内容ではなく、教え方つまり授業そのものを大きく変えることが示されており、現場は混乱と困惑の状況でした。とくに校内研究の牽引役である研究主任は、主体的・対話的で深い学びの授業をどう展開するかを悩んでいて、「研修会で説明は受けたけど、具体的な授業の進め方が示されず、なかなか子どもの姿がイメージできない。先生方にどう伝えたらいいかわからない」とその胸の内を語ってくれました。

　当時は私自身もまだ試行錯誤の段階であり、「それはこのようにしたらいい」と明確に説明することができない段階だったので、TILA教育研究所（http://tila.main.jp/）の「子どもの言葉で問いを創る授業」の研修会に研究主任を誘い、一緒に研究を進めていくことを提案しました。

　研修会に参加した後、研究主任が最初に行った授業が、『問いを創る授業』（図書文化社）に掲載されている実践です。不思議のタネは「私たちの中学校では、授業開始の2分前に着席すると成績が伸びた」というものです。

　当時、高知大学で教鞭をとっておられた鹿嶋先生に何度も学校に来てもら

い、夜遅くまで不思議のタネを検討したことがつい昨日のことのように思い出されます。この授業で私たちが最初に考えていた不思議のタネは、「私たちの学校には、授業開始の2分前に着席するというきまりがある」というものでした。しかし、これでは生徒たちがワクワクする展開にはなりにくいのではないかと議論を重ね、「2分前に着席するようになって何か変化がありましたか？」という鹿嶋先生の質問に「わずかですが、学力調査の結果がよくなりました」という応えにヒントを得て、このような不思議のタネに変貌を遂げたのです。この授業がきっかけとなり、「問いを創る授業」に先生方の関心が集まるようになりました。

■たった一つを変えることの難しさ

　当時教員には「問いを創る授業」に関して2つのグループが存在していました。それは「おもしろそう。やってみたい」と興味を示してすぐにチャレンジするグループと、授業を変えることに躊躇してなかなか取り組めないグループです。

　前者は比較的若い教員が多く、「校長先生、今度こんな不思議のタネで授業をやってみたいのですが、どう思われますか？」とか「この授業だとどんな不思議のタネを使えばいいと思いますか」とよく校長室に相談に来て、一緒に不思議のタネや授業の構想を練っていました。

　一方、後者はどちらかというとベテランの教員が多く、自分の授業スタイルが確立されていて、そこに新しいものを取り入れることへの抵抗と不安が感じられました。教科会の中でも教育委員会の指導主事から新学習指導要領で求められている授業への変革を求められていたので、そのプレッシャーもあり、これからの授業づくりについて一生懸命がゆえに悩んでいたのだと思います。

　これは当然のことです。私たちは日々気がつかないうちに、なにがしかの変化を起こしていますが、改めて「変えてください」と人から求められることに対しては、「いまのままではだめということなのか」という大きな不安と、「できることなら変えたくない」という抵抗を感じるのは誰も同じことです。

いままで行ってきた「教師が知っていることを教えこむ授業」から、「生徒たち自らが考えたくなるような授業」への転換。そのために教師が問いを与えるのではなく生徒自らが問いを創る授業へ。このたった一つを変えることの難しさを感じていた頃です。

■不思議のタネを考えるワークショップ

そのときに思いついたのが、みんなで「不思議のタネ」を考えるワークショップ形式の校内研修会です。ベテランの先生の中には「不思議のタネ」を考えることにとても大きな負担を感じていて、そこから進むことができない人もいました。

そこで、教科に分かれて「生徒たちに○○（教科名）のおもしろさを伝えるための不思議のタネを考えてみよう」というテーマで、ワークショップ形式の研修会を行いました。後半、各教科で考えた不思議のタネを交流する場面では、「なるほど」とか「おもしろい」「それいいね」など、さすが教科担任制！！と感じられる不思議のタネがたくさん飛び出しました。このワークショップをやったことで、それまで不思議のタネを考えることを負担に感じていた先生方が、もっと気軽に楽しみながらやってもいいんだと思ってくれたことは大きな意味があったと思います。

このとき、もう一つ発見したことは、教科の専門性も大事だけれど、他の教科（素人）だからこその発想も面白いということです。不思議のタネはひとりで考えるよりも、ブレインストーミングなどの思考法を使って、みんなで考える方がより楽しくなるし、他の人の意見に触発されて気づきやひらめきが多くなるということです。人から言われて変えることはできなくても、自分でおもしろいと思ったら変えることができるのは、すべての人間に共通して言えることです。

■全校で同じ不思議のタネを使って基本形を知る

そして赴任して2年目の春。全校で「問いを創る授業」を進めるに当たって、研究主任から提案されたのは、「4月に新しく異動してきた先生も1年生も含めて、全校のすべてのクラスで同じ不思議のタネを使って『問いを創

る授業』をやってみてはどうでしょうか？」というものでした。

さらに、「不思議のタネは、昨年私がやった『私たちの中学校では、授業開始の2分前に着席すると成績が伸びた』にし、それを道徳の時間に全クラスでやってみたいと思います。指導案や掲示物などの準備は私がします」との提案がありました。

学校のスタンダードにするためには、全員が行うことが必要です。まずは「問いを創る授業」の基本形を全校でセオリー通りにやるという研究主任の提案に、私は一も二もなく賛成しました。

そして、全教科の教員が「問いを創る授業」を一度は公開し、そのうち3本は全校での公開授業とし、生徒参加型の事後検討会を行うことも決まりました。本誌に掲載されている実践例のいくつかはその年に実践されたものです。

■生徒参加型事後研で生徒の授業への自我関与も

事後検討会に生徒が参加する方法（鹿嶋先生が以前勤務されていた東京都荒川区立第四中学校での実践に基づく）をやりはじめたのは、教頭として勤務していた中学校のときです。生徒が事後検討会に参加することで、教師側の視点だけではなく、授業を受けた生徒の視点からの話を聞くことができ、授業者の指導方法について、教師だけで行う場合には思いもよらなかった話や、授業を受ける側だからこそわかる的を射た意見が聞けることがわかりました。

元々は教師の授業改善のために行ったものですが、実際に行ってみると、生徒自身が授業に積極的に参加する様子が見受けられるようになったのです。これは、事後検討会に参加して教員から質問されることによって、自分たちも授業に関わっているという自我関与の意識が芽生えたためと考えられます。質問を受け、自分の授業への関わりについて考えることで、内省が深まるとともに、教員に自分のことを聞いてもらい、意見を大切に扱われることで、自己有用感を感じることができた生徒もいました。さらに、自分が述べた意見が授業改善に反映されることで、改めて自我関与の意識が高まることがわかりました。まさに一石二鳥とはこのことだと思いました。

■「問いを創る授業」で教材発掘力が身につく

　全校で「問いを創る授業」に取り組むようになり、私は可能な限り先生方
の授業を参観するようにしました。その中で印象に残っているのが初任者の
美術の先生の授業です。中学1年生の「自画像」の単元で、生徒たちに提示
した不思議のタネは、ピカソの4枚の自画像でした。4枚の絵を描かれた年
代順に並べるというもので、最初は第一印象で、次にピカソの生涯について
書かれた資料を使って考えます。

　この授業のふりかえりのワークシート「自画像とは何か」には「心情を表
現するもの」「自分の人生」「感情や心」と書かれていました。授業を参観し
た教育委員会の初任者指導のアドバイザーからは「教材の発掘力（目の付け
所）がすごい。自分たちで知りたくなるように不思議のタネが提示され、
『なんで？』『どうして？』と創作意欲をかきたてる授業になっている」との
評価をいただきました。

　「問いを創る授業」で求められるのは、まさにこの「教材発掘力」であり、
どのような不思議のタネを提示するかです。下の写真は、数学の全校研の不
思議のタネを、数学科の教員や鹿嶋先生、高知大学の先生方、大学院生など
で考えている場面です。「子どもたちが自ら考えたくなる授業」にする不思
議のタネを、時間が経つのも忘れて考えました。

　このような話し合いに加え、いま私が注目しているのは、私たちの日常の
生活の中にある不思議のタネです。それを見つけることができるよう、見逃
さないよう、いつもセンサーを磨いておきたいと思っています。

エピソード2

激動する世の中だからこそ、「問いを創る授業」を

元広島県東広島市立高屋中学校校長　新谷三平

■「問いを創る授業」に取り組みはじめた経緯

　本校は、広島県のほぼ中央に位置し、田園風景も広がるのどかな場所にある学校です。全校生徒約600人と比較的大きな学校で、校区には4つの小学校があり、1学年約130人の大規模校1校と、20～40人程度の小規模校3校から進学してきます。

　比較的素直な生徒が多く、大きな問題が発生することはほとんどありませんが、たくさんの人数の中で育った生徒と、少ない人数の中で育った生徒では、中学校に上がった瞬間、生活リズムも違い、これまでの当たり前が当たり前でなくなることも多く、中1ギャップの状態になったり、2・3年生で同じクラスになっても名前を知らないといったりしたこともあります。

　毎年年度はじめには、学級開きや学年開きに重点を置き、集団づくり・人間関係づくりに力を入れて取組を進め、一定の成果は出ているものの年間を通じて継続的な取り組みを行う必要があるとの思いも感じていました。

　最近の若者の傾向として、コミュニケーション能力の低下がよく言われています。実際、本校の生徒の様子を見ていても、自分の思いや考えを友達に伝えるのが苦手だったり、また、思いや考えが違っていても友達に合わせている傾向にあるのではないかと感じています。

　友達に合わすことは、それはそれで大切なことですが、反面、課題も生じてくるのではないかと感じています。数年後には社会人となり、歴史や文化、風習も違う人たちと対等に渡り合い、グローバルな世界で生きていく子どもたちにとって、合わせることも大切ですが、自分の思いや考えを相手に伝えることも同じように大切になってきます。

　平成30年度より、鹿嶋先生を講師に招き、全校あげて集団づくりについて研究と実践を進める中で、研究主任から「子どもの言葉で問いを創る授業」

167

の実践の提案がありました。その話を聞いたとき、生徒が「わからない」と発する場面を教師が意図的につくれば、生徒は自然と自分の考えや思いを自分の言葉で発することができるのではないかと考え、本校の授業スタイルとして研究を進めることとしました。

■他教科の先生とのグループ協議による授業改善

中学校で授業改善を行う場合、2つの課題があると思います。

1つ目は、研修時間の確保です。放課後の研修は部活動もあり、学年会や分掌部会等々も行わなくてはなりません。全教員が集まって研究を進めるには年に数回しかできないのが現状です。本校では、2年間をかけて「問いを創る授業」を本校の学習スタイルとして定着するよう計画をし、グループ単位の研究を課業日に、全体研修は長期休業期間中を中心に行いました。

2つ目は、教科担任制があげられると思います。校内に、同じ教科の先生が複数いればお互いに話をしたり、授業見学をしたりで意見交換をすることができ、ヒントとなることが多くあります。しかし、一人教科ではなかなか他の先生から意見を聞くことは難しく、モンモンとする場合も多くあります。そこで、「問いを創る授業」の大きなポイントである「不思議のタネ」について、教科の枠を外し、3教科で1グループをつくり、グループ協議を行いました。

まず、1つの教科から不思議のタネを提示し、他教科の先生が「問い」を創ります。他教科の先生が創った問いにはもちろん教科専門の先生が予想した問いも出てきますが、全く予期しない問いも出てきます。出て欲しい問いが全く出てこない場合もあります。教科専門の先生は、目標や全体の流れがわかっているためか、ついついその目的や流れに合ったような問いを創りがちです。しかし、他教科の先生の場合は、その予備知識がない分、自由な発想で問いを創ります。生徒の発想により近いものになっているようです。

不思議のタネを考える際も教科専門の先生は、気付いてもらいたいと多くの情報を入れ過ぎたり、専門性があるばかりにその特徴に集中し過ぎて自由な発想が出にくかったりする場合がありました。一方、他教科の先生は自由な発想で問いを創ります。「そちらの方向に持って行きたいのなら、○○は

ないほうがいい」とか「△△みたいなものがあれば発想しやすい」などの意見も出やすいようです。例えば、知らない場所に「どうやったら行けるかね」と問うと、「電車」「車」「バス」「自転車」「徒歩」などいくつもの方法が出てくると思いますが、「その中で一番早い方法は？」と問うと、「電車じゃない」「いやいや車だろ」と出てくるのと似たような感じではないかと思います。

　グループ協議により研究も進みました。実際、グループ協議をした不思議のタネで授業を行うと、教師側が意図する問いが生徒から出てくるようになり、教える側の教師も授業が楽しくなっていきました。生徒も自分の思考に沿って授業が進むので、知的好奇心がくすぐられ、生き生きと授業を受けるようになりました。

■生徒が生き生きとしている授業

　では、生徒が生き生きと授業に取り組んでいた事例を2例紹介します。

　本市では英語科の授業計画については、「逆向き設計」を推進しています。授業の目的を達成するために授業をまとめから導入へと逆向きに設計する（計画を立てる）手法です。その手法で「問いを創る授業」を行いました。

　英語科の授業では、通常本文を読み解きながら英語科の目標を達成させる流れが一般的ではないかと思いますし、教科書にある挿絵（または写真）は、その学習を深めた後に資料として利用する場合がほとんどではないでしょうか。

　しかし、この授業ではまず、教科書の本文中にある写真を電子黒板に写し出し、「問いを創ってごらん」と投げかけられました。教師が特に着目してもらいたかったのは、そのドアに書いてある「LADIES」「MEN」「COLORED」です。

　もちろん生徒が創った問いにはその3つの言葉に着目している問いもありましたが、「3つの四角いのはなに？」とか「3つの四角いのはドア？」「ドアの上にあるのは窓？」等、教師側からすれば後の展開にあまり関係ないものも多くありました。

　そこで、他のクラスの授業では「この写真は日本ではないけど、ある国で

実際にあるドアです。ドアのこのところに書いてある字が見えにくいからちょっと大きくしました」と、たった一言付け加え、「それでは問いを創ってごらん」と投げかけられました。

すると、生徒は「これトイレのドア？」「COLORED って何？」「男と女、もう一つのドアは何？」等の問いが多くを占めました。教師のねらい通りです。

そこで先生は、「本文中にみんなの問いの答えが書いてあるから、訳してみようや」と投げかけられました。

するとどうでしょう、生徒は辞書でわからない単語を調べたりして一生懸命長文を解こうとしています。教科書の本文には知らない文法も出ています。でも、生徒は自分の問いを友達と話し合いながら自分で解決しようと解いているので、顔は生き生きとしています。ボーっとしている子もいません。授業の最後には英語科としての目標をしっかり押さえていました。

余談ですが、参観していた教員からは、社会科や学活とも関連させることができるとの声も聞かれました。

もう一つ、理科の授業では、発光ダイオードと豆電球を見せ、「問いを創ってごらん」と投げかけられました。

「なんでこっちのほうは長い棒と短い棒がついとるん？」「どっちが電気をよくくうん？」「どっちが明るいん？」等の問いを出していました。

発光ダイオードは知らなくても LED という言葉を生徒はよく耳にしています。豆電球と白熱電球、LED を関連させて疑問をもっている生徒もいました。

個人で問いを創り、班で問いを出し合っているときには、生活に関連した言葉も多く出ていました。生徒の問いを全体で集約し、「（多くの問いの中から１つを指し）それでは今日はこの問いについて考えてみましょう」と、教師は本時の課題を示し、授業展開をされました。

もちろん生徒は生き生きと授業に取り組んでいます。教師は生徒の身近な生活とも関連付けながら説明を行っていました。最後に理科の目標である本時のまとめをした後、「次の時間はこの問いについて考えていきましょう

ね」と生徒の創った他の問いを示されながら、次時への課題としてつなげていました。生徒は満足げに理科室を後にしたのは言うまでもありません。

　さて、多くの学校では、班で討議をした内容を小さなホワイトボードにまとめ、全体の発表で用いる方法を行われている場合もあると思います。本校でも行っていますが、問いを創る場面では、A3の用紙に書き、発表をしている場合もあります。研究当初は、1時間で終結する「問いを創る授業」を行っていたため、問いを絞る作業を行っていましたが、実践を重ねるにつれて「不思議のタネ」の出し方によっては、理科の事例のように、生徒の創った問いが2・3・4……時限目の課題となったり、単元を貫く問いがいくつか出てくる場合があることに気づいたからです。

　本書で述べている「包括型収束法」（創った問いをすべて解決できるような大きな問いを創る）（42頁参照）がこれにあたります。なお、「大きな問い」と記していますが、総合的な学習の時間の課題設定のように、全体を網羅し切り口が幾通りもあるようなものを指す場合もあれば、理科の事例のように生徒から出てきた問いを1つ1つ解決し、積み上げていくことで単元の目標に達成する場合も含んでいます。

■激動する世の中だからこそ、「問いを創る授業」を

　冒頭に書いたように、本校で「問いを創る授業」をはじめるきっかけとなったのは、集団づくりを大切にしたいという考えからです。「問いを創る授業」の研究を進める中で生徒に変化が出てきたことがあります。

　教師はよく「わからなかったら、遠慮せず質問しなさい」と言いますが、授業の途中で「先生、○○がわかりません」という生徒はほとんどいません。「わかりましたか？」と問うても「わかりません」と返してくる生徒は限られます。テストをしてみて愕然とする場合があります。生徒にとって「わからない」と自発的に発することは、非常にハードルの高いことではないでしょうか。

　「問いを創る授業」を行っていくうちに、わからないことをわからないと言ってもいいのだ、疑問は聞いてもいいのだといった雰囲気にクラスがなっていき、生徒自身の心境の変化も出てきたように感じています。それは、授

業展開の中で「なんで？」と聞く生徒が増えてきていることにも現れています。

　多くの生徒は、正しい答えを言わなければならないと考えており、自信のない解答の場合は挙手をしにくいものです。しかし、いまでは間違った答えや自分の考えを発表できる生徒も増えています。それに合わせて、生徒間のトラブルも減少し、また、トラブルがあっても話し合いによる解決が容易になってきているようにも感じます。

　毎年、生徒面接で次のようなことを話しています。

　「日本では箸を使ってご飯を食べることが一般的だけど、他の国では手でご飯を食べることが一般的なところもある。もし、そのような国の人と食事をしたとき『わ！汚い』と思い、何もしなければその人との出会いは終わり。しかし『なぜ、手で食べるのですか』と問うと、『私たちの国では手で食べることが一般的です』と返ってくるかもしれない。そこで、『日本では箸でご飯を食べることが一般的です。箸を使ってみませんか』と投げかけることでその人とつながっていくことができる。これから世界で活躍する人間になるのだから、自分の考えのみに留まらず、問うてみる。人の意見には耳を傾ける。そのような人であって欲しいし、そのようなクラスであって欲しい。そのために授業を大切に。」

　今年度は、コロナウイルス感染症の影響もあり、年度当初計画していた本研究も、タブレットの導入やオンライン化を見据えた研究の必要性が高まり、大幅に研究計画を見直したため、本研究も校内の自主公開による研究推進に留まりました。

　そのような中でも、生徒の変容は見て取れます。特に、３年生は研究をはじめた初年度に入学してきた生徒です。１・２年生時にまいた種が今年度満開の花が咲いたように、活発な意見交換を行いながらの授業が行われています。

　社会が目まぐるしく変化し激動する世の中だからこそ、疑問をもち、その疑問を発し、他者を理解しながら協働して解決する生徒を育てたいと思います。「問いを創る授業」はまさにその原動力となるものだと考えています。

‖‖‖‖‖‖‖‖‖‖‖‖‖‖‖‖ 付録の紹介 ‖‖‖‖‖‖‖‖‖‖‖‖‖‖‖‖

付録1　「問いを創る授業」の単元指導計画　174頁

付録2　先生のための「不思議のタネ」アイデアシート　175頁

付録3　問い創りノート　176〜177頁

付録4　問い創りノートインデックス　178〜179頁

付録5　通常用の問い創りノート　180〜181頁

付録6　通常用の問い創りノートインデックス　182〜183頁

付録7　探究ワークシートと記入例　184〜185頁

付録8　道徳の時間スタンダード　186頁

付録9　道徳ノート　187頁

付録10　宣言書　188頁

> ＊コピーして、ご自由にご使用下さい。

‖‖

単元名：	これだけは身につけさせたい知識・技能 （生きて働く知識・技能の習得）	これだけは身につけさせたい姿勢や態度 （学びに向かう力・人間性など）
単元の目標		
	[何をどのように評価するか]	[何をどのように評価するか]
	これだけは身につけさせたい見方・考え方など （思考力・判断力・表現力など）	何に気づいてほしいか？ どんな疑問を持ってもらいたいか？
	[何をどのように評価するか]	不思議のタネ

指導計画	
1	
2	
3	
4	
5	
6	
7	
8	
9	
10	

※問いを創る授業を行う時間に○をつける

先生のための「不思議のタネ」アイデアシート

ステップ1 「ねらい」と「めあて」を記入し [活用目的] の口に✓を入れる

ねらい：

めあて：

不思議のタネ：

[活用目的]
- □フォーカス　：Focus （探究する、追究する）
  →概念、定義、授業の内容の理解
- □ディスカバリー　：Discovery（視野を広げる、発見する）
  →導入、深化補充、興味・関心の喚起、新しい視点や考え
- □キープケアリング：Keep caring（問い続ける、気になる）
  →生き方、ありり方、人権、倫理道徳

ステップ2 生徒たちから引き出したい問い
（どの生徒にも抱いてほしい問いを1つ選び○で囲む）

ステップ3 不思議のタネのリストアップ
（文章・写真・動画・図・表・グラフ・実物の提示・体験など）

ステップ4 不思議のタネの基本チェック（口に✓を入れる）
- □新しい思考を刺激を誘発するようなもの
- □それ自体が「〜とは？」「何だろう？」などではない
- □それ自体が「〜しよう」「〜確かめかめるようようどとではない

ステップ5 ブラッシュアップ（起爆剤としてのエキやや仕掛け）

[ズレがある]
- □自分の常識とのズレ
- □自分のイメージとのズレ
- □自分の予想とのズレ
- □自分の欲求とのズレ
- □既習事項・既有知識・既体験とのズレ

[違和感がある・気になる]
- □2つの違いが気になる（2つの写真の比較）
- □経過の違いが気になる（グラフの変化や表の数値の変化など）

[なりたい自分になる・未来への期待]
- □何をすれば不思議のタネのようになれるのか

ステップ6 不思議のタネのブラッシュアップ案

教科 _____	単元 _____	20 ___ / ___ / ___

目標（ねらい）

不思議のタネ

付箋紙を貼りましょう	わかったこと・きづいたこと・すっきりしないこと

（　　　　）ページ

要するに

Index

教科	不思議のタネ	ページ

(　　　) ページ

Index

教科	不思議のタネ	ページ

○このノート全体をながめて気づいたこと、感じたこと…（ノートが終わったら書きましょう）

(　　　) ページ

タイトル	/	20　　/　　/

ねらい（目標）	私の疑問 気になること

【要約】ようするに…

（　　　）ページ

【要約】ようするに…

( ) ページ

Index

番号	タイトル	日付	ページ
1		20　　/　　/	
2		20　　/　　/	
3		20　　/　　/	
4		20　　/　　/	
5		20　　/　　/	
6		20　　/　　/	
7		20　　/　　/	
8		20　　/　　/	
9		20　　/　　/	
10		20　　/　　/	
11		20　　/　　/	
12		20　　/　　/	
13		20　　/　　/	
14		20　　/　　/	
15		20　　/　　/	
16		20　　/　　/	

(　　　) ページ

Index

番号	タイトル	日付			ページ
17		20	/	/	
18		20	/	/	
19		20	/	/	
20		20	/	/	
21		20	/	/	
22		20	/	/	
23		20	/	/	
24		20	/	/	
25		20	/	/	
26		20	/	/	
27		20	/	/	
28		20	/	/	
29		20	/	/	
30		20	/	/	

ノートを終えて（自分の学びを振り返ると）

（　　　）ページ

問いを創る授業　探究ワークシート

　　　　　　　　年　　組（　　）氏名　　　　　　　　　　　

不思議のタネ：	

月/日	スッキリ	モヤモヤ
／		
／		
／		
／		

問いを創る授業　探究ワークシート（記入例）

年　　組（　　）氏名 _____

不思議のタネ：チューリップも種子ができる	
	チューリップの種子はどこにできるの？
	種子がやがて球根になるのかな？
	それとも種子と球根はちがうものなのかな？

> ナゾが解けたものに
> チェックする。

> 「ふしぎだなぁ〜」「なぜ
> だろう」など、頭に浮かん
> だ『問い』をひたすら書き
> 出してみましょう。

月/日	スッキリ	モヤモヤ
/		
/		
/		
/		

> ナゾが解けて、スッキリ
> したことについて記録し
> ておきましょう。

> ナゾが解けなくて、モヤモヤ
> している点について記録して
> おきましょう。

城西中　道徳の時間スタンダード
～道徳の授業で大切にしたいこと～

　道徳の授業は教材と出会った時に自分の中に生まれた「なぜ？」「どうして？」「自分なら…」などのつぶやきから始まります。これらのつぶやき（問い）を通して、自分の考えを深めたり、友達の考えを聞いたりしながら、答えのない問いに挑戦できる力を育てていきましょう。

授業の流れ

導入（五分程度）

○　**導入**
- ・　今日のテーマを知る
- ・　自分の体験や経験を語る

展開（三十五分程度）

○　**本文通読　問いづくり　問いの共有（ペア）**
- ・　教材（不思議のタネ）を読む
- ・　疑問に思ったことや考えてみたいこと（問い）を書く

※素朴な疑問、意見が分かれそうな疑問、人物の心情に迫る疑問、テーマを深める疑問、自分なら○○するかという疑問など、いろんな問いを出そう！

> 【キーワード】
> なぜ　　どうして　　何だろう　　どんな気持ちだろう　　○○とは
> 自分なら　　どうすれば　　もし○○の立場なら　　もし○○だったら

○　**中心発問　意見交流（グループ）**
- ・　全員で考える問いを一つ選んで書く
- ・　選んだ問いを個人で考え、班で共有の後、全体で共有する

※友人の意見は赤ペンでメモしよう！

まとめ（十分程度）

○　**振り返り**
- ・　今日の授業で考えたこと、気づいたことをノートに書く
- ・　振り返りに書いたことをクラスで共有する
- ・　今日の授業の評価を記入する

不思議のタネ 【　　　　　　　　　　　　　　　　　　　　　　　】

🌱 疑問に思ったこと・考えてみたいこと（問い）　　→　自分で考えたこと・友達の意見

自分の考え・友達の考え

今日の授業で感じたことや気づいたことを書きましょう。

今日の授業の中で・・・　　　大変そう思う ◀━━▶ 全くそう思わない

	大変そう思う		全くそう思わない
1　自分との対話ができましたか （自分の考えをもつことができましたか）	4	3	2	1
2　他者との対話ができましたか （仲間と話し合い、仲間の話を聞くことができましたか）	4	3	2	1
3　課題との対話ができましたか （授業を通して、今まで考えたことのないようなことを考えたり、そのような意見にふれることがありましたか）	4	3	2	1

宣 言 書

わたくし ＿＿＿＿＿＿＿ は
いじめを止めるために、

ことを誓います。

年　　月　　日

署名欄

おわりに

　「問いを創る授業」に興味をもち、最後まで読んでいただきありがとうございました。今回の『問いを創る授業（中学校編）』はいかがでしたか。

　ところで、新しい学習指導要領等が目指す姿の中に、「指導方法の不断の見直し」という言葉が登場します。不断の見直しとは、思いついたように単発的に見直すのではなく、日頃から途切れさせることなくつねに見直しながら進めるということです。実は、この「問いを創る授業」も日々見直しながら進化しています。見直しの方法は、解決志向ブリーフセラピーの中心哲学でもある３つのルール〔①もしうまくいっているのなら変えようとするな。②もし一度やってうまくいったのならまたそれをせよ。③もしうまくいっていないのであれば（何でもいいから）ちがうことをせよ。〕に従います。そして、完成したのが本書です。

　ここに紹介した実践例は、研修会や2018年に出版された『問いを創る授業』（図書文化社）をきっかけに取り組まれた先生方、また、高知市立城西中学校や東広島市立高屋中学校のように「問いを創る授業」を年間通して校内研究で取り組まれた先生方にご協力いただいたものです。改めて先生方の日々のご実践に敬意を表するとともに感謝申し上げます。ありがとうございました。

　令和２年３月上旬、新型コロナウイルス感染拡大防止に伴い、全国すべての小・中学校・高等学校と特別支援学校が、臨時休校を余儀なくされました。前代未聞の事態へと突入した教育現場では、週に１回時間差で登校してくる子どもたちに家庭学習の課題を配布したり、授業再開に向け準備をしたり……。この１年間で、教育現場は大きく変わりました。子どもたちには１人１台のタブレットが支給され、いつでもオンライン授業ができるようになりました。普段の授業の中で、ICTを活用した「問いを創る授業」も展開されはじめています。生徒は慣れた手つきで、創った問いをタブレット端末から先生に送ったり、チャット機能を活用して自分の考えを書き込んだりしていました。これらを電子黒板に映し出せば、瞬時にクラス全員の問いや考えを共有することができます。本当にすごい時代がきたものです。

　TILA教育研究所では、ピンチはチャンスに変えるべく、「こんな状況（学

校に行けない／授業ができない）だから何もできない」のではなく、「こんな状況（学校に行かなくていい／授業を受けなくていい）だからこそいろいろなことができる」ことを HP で提案しました。ないものやできないことに心が囚われると、不満ばかりが募ります。あるものやすでにできていることに注目すると、あらたな発想が芽生えます。すべては、子どもたちにも「自分で考える力がある」ところからスタートしました。自分の考えがもてれば、それをきっかけに思考回路が構築されていきます。さらに、仲間の考えを知ることで、自分の考えを再構築することができます。自分の考えがもてないと、いつまでたっても人の真似をしたり、ただただ答えを暗記したりすることしかできなくなります。「問いを創る授業」、その重要性に『気づいた先生』なら変えられます。変えられるはずなのに、いざ授業をとなると、二の足を踏んでしまうのはなぜでしょう。それは、これまでに自分自身が受けたことのない授業方法だからです。例えば、私たちの受けてきた授業と言えば、教科書を読み、延々と続く先生の説明を聞き、先生の発問に答え、先生から与えられた練習問題を解き、のちにテストを受ける、といったような授業の繰り返しでした。つまり、これ以外の授業モデルに出合ったことがないからです。二の足を踏む理由はもう一つあります。何かを変えるには勇気が必要です。たとえ勇気があっても、私たち教師は、失敗するわけにはいきません。だから慎重になるのです。でも大丈夫！　本書には、すでに不断の見直しをされながら、問いを創る授業を実践された先生方のモデル、失敗しないためのヒントがたくさん書かれています。本書をご覧いただき、先生方ご自身もワクワクしながら授業準備をされれば、そのワクワクは、自然と子どもたちにも伝わることでしょう。

2021年11月　鹿嶋真弓

・・

　中学校においても新学習指導要領が本格実施となり、「主体的・対話的で深い学び」の授業実践が日本全国で繰り広げられていたはずの2020年。私たちの身には想定外のことが起こりました。コロナウイルス感染症拡大防止のための長期にわたる臨時休業が宣言され、学校が再開された後も、いままでとは違う状況下での学校生活を強いられ、まさに「答えのない問いに挑む」ことが必然となった世の中に変わっていたのです。

今回の学習指導要領で求められている「生きる力」を文部科学省は「知・徳・体のバランスのとれた力」とし、知とは「基礎的な知識・技能を習得し、それらを活用して、自ら考え、判断し、表現することにより、さまざまな問題に積極的に対応し、解決する力」と定義しています。しかし教室の中には、基礎的な知識の習得が難しい子どもも少なからずいて、彼らは「この授業よくわからない」と思った瞬間興味が失せてしまいます。公立の学校に勤務する中で、このような光景を繰り返し見てきた私が、ある日「問いを創る授業」に出合ったときに、真っ先に思ったのは「生きる力」の根源は前述の「基礎的な知識・技能……」ではなく、「なぜ」と問う力、自問自答する力であるということでした。

知の探究には疑問や関心・好奇心といった意思の芽生えが肝要なのです。たとえ基礎的な知識が十分でなくとも、「なぜ」という問いが生まれることで探究過程へと誘われます。実際に勤務校で「問いを創る授業」を実践する中で、それまでは授業開始5分後には机に突っ伏していた生徒が目を輝かせながら「もっと考えさせてください」と要求している姿を見たときは信じられませんでした。そして本来子どもというのは基礎的な知識の有無に関わらず、自分の中に湧き上がってきた問いに対しては、自分で解決したいと考える存在であることを改めて認識しました。当たり前のことですが、いままで私たちは「子どもが知りたいと思っているかどうか」ということはほとんど気にかけず、学習指導要領で示されている指導事項にばかり目を向けていました。「子ども主体の……」という美辞麗句を掲げながらも実際は「教師主導の授業」しかやってこなかったのです。

本書に掲載されている実践はすべて「子どもが主体」です。子どもに「どんな問い」をもって欲しいと思っているのか、そのためにはどのような「不思議のタネ」を用意すればいいのかから授業づくりがスタートしています。この「不思議のタネ」を勤務校の先生と一緒に知恵を絞って考える時間が、何よりも充実した時間でした。そこに「かくあるべき」と規定されるものは何もなく、またベテランか新人かという差もなく、あるのは「教育への情熱」のみです。本来どの子どもも持っている「生きる力」の根源である、「なぜ」と問う力を引き出し、探究を楽しむことで知が豊かに深くなる授業、「問いを創る授業」の実践が多くの先生方に広まることを願っています。

2021年11月　吉本恭子

【編著者紹介】

鹿嶋真弓（かしま・まゆみ）立正大学心理学部臨床心理学科特任教授
担当：第1章1、第2章0、1、2、6、おわりに

石黒康夫（いしぐろ・やすお）桜美林大学教職センター教授
担当：はじめに、第1章2、第2章3、4、5、第4章

吉本恭子（よしもと・きょうこ）高知市教育研究所副所長
担当：コラム①〜④、第3章道徳科実践例1、エピソード1、おわりに

【著者紹介 （執筆順）】

青山典史（東広島市立高屋中学校）担当：第3章国語科実践例1・4
戸田浩司（高知市立城西中学校）担当：第3章国語科実践例2、道徳科実践例2
森内英久（東広島市立高屋中学校）担当：第3章国語科実践例3、道徳科実践例3
宮田嘉信（葛飾区立中川中学校）担当：第3章社会科実践例1
敷地佐紀（高知市立城北中学校）担当：第3章社会科実践例2
要田賢治（東広島市立高屋中学校）担当：第3章社会科実践例3
戸梶智康（高知市立介良中学校）担当：第3章社会科実践例4
小松明美（呉市立昭和北中学校）担当：第3章数学科実践例1
齋藤慶一（呉市立横路中学校）担当：第3章数学科実践例2
島内絵美（元高知市立城西中学校）担当：第3章数学科実践例3
伊藤唯奈（東広島市立高屋中学校）担当：第3章数学科実践例4
鈴木晶雄（東広島市立安芸津中学校）担当：第3章理科実践例1
坂本奈津子（高知市立西部中学校）担当：第3章理科実践例2
藤田千紗（東広島市立高屋中学校）担当：第3章理科実践例3
佐々木佳治（東広島市立高屋中学校）担当：第3章理科実践例4
難波京子（東広島市立高屋中学校）担当：第3章音楽科実践例1
大田美里（高知市立城西中学校）担当：第3章音楽科実践例2
坂本雅代（高知学芸中学高等学校）担当：第3章音楽科実践例3
中島奈菜子（高知市立城西中学校）担当：第3章美術科実践例1・3
東間俊次（東広島市立黒瀬中学校）担当：第3章美術科実践例2
下元美樹（高知市立城西中学校）担当：第3章保健体育科実践例1
舛金達生・藤井雄斗（東広島市立高屋中学校）担当：第3章保健体育科実践例2
白雲美砂（東広島市立高屋中学校）担当：第3章保健体育科実践例3
木下美樹（東広島市立高屋中学校）担当：第3章技術・家庭科実践例1・5
高橋さつき（高知市立城西中学校）担当：第3章技術・家庭科実践例2
吉本庄吾（東広島市立高屋中学校）担当：第3章技術・家庭科実践例3・4
中内佐穂（南国市立香長中学校）担当：第3章外国語科実践例1
藤谷直基（東広島市立高屋中学校）担当：第3章外国語科実践例2
松岡靖史（高知市立城西中学校）担当：第3章外国語科実践例3
宝崎久恵（東広島市立高屋中学校）担当：第3章外国語科実践例4
鹿嶋博章（江戸川区立葛西第三中学校）担当：休校期間や長期休業の課題
新谷三平（元東広島市立高屋中学校校長）担当：エピソード2

子どもの言葉で問いを創る授業　中学校編

2021年12月24日　初版第1刷発行

編著者——鹿嶋真弓・石黒康夫・吉本恭子

発行者——安部英行

発行所——学事出版株式会社

〒101-0021　東京都千代田区外神田2-2-3
電話03-3255-5471　https://www.gakuji.co.jp

編集担当　加藤　愛　装丁　岡崎健二　表紙イラスト　岡本典子
本文イラスト　松永えりか（フェニックス）　本文デザイン　三浦正已
印刷製本　精文堂印刷株式会社

ISBN978-4-7619-2759-2　C3037